社長のワンマンチーム会社からワンチーム会社へ

年商30億円超え組織をつくる
One Team Meeting

佐々木啓治 著

セルバ出版

はじめに

本書のタイトル「社長のワンマンチーム会社」という表現を見て、どう思われたでしょうか。

私はこれまで「中小企業」と定義される企業規模の会社を中心に「組織にアプローチして売上を上げる」というサポートをしてきました。

その中でも、当社のスローガンとして掲げているのは「年商10億円の会社を年商30億円にする」であり、当社にご相談されるほとんどの経営者が「年商10億円を突破してから急に売上が伸びなくなった」や「年商30億円を目指しているが、ここ3年、年商15億円で停滞している」など、企業成長の過程における「年商30億円」という会社にとっての「年商の壁」に阻まれていました。

そして、そのようなお悩みを持つ経営者の会社はおしなべて「社長のワンマンチーム会社」だったのです。

わかりやすい指標として「年商30億円」という表現を使いましたが、実は年商5億円の会社でも、年商50億円の会社でも「社長のワンマンチーム会社」になっていることが原因で、売上が停滞している会社は多くあります。

つまり、企業規模に関わらず会社の「チームとしてのあり方」によって、どこかで1つの節目、限界が来るということです。

「社長のワンマンチーム会社」という表現で、近しい表現は「ワンマン社長」「ワンマン経営」ではないでしょうか。これらの表現は世間的には悪いイメージしかありません。

ただ、本書の「社長のワンマンチーム会社」という表現は後述もしますが、決して悪いものではありません。社長が会社の中で人一倍、活躍している、そんな会社です。

しかし、そのような組織が売上停滞の原因になっている、という会社が多いのもまた事実です。

一方、社長がひとりで組織を牽引している「社長のワンマンチーム会社」に見えていても、右肩上がりで企業成長し続けている会社もあります。そういった会社は、対外的に「社長のワンマンチーム会社」のように見えていても、自社内では「強いマネジメントチーム」が存在する「ワンチーム会社」になっているのです。

本書では、このように売上が停滞している「社長のワンマンチーム会社」から、年商の壁を超える「ワンチーム会社」へと変貌を遂げる、そのようなノウハウと手順を、顧客事例を交えながら解説していきます。

本書が貴社の企業成長の一翼を担えれば幸いです。

2021年4月

WITH株式会社　代表取締役　佐々木啓治

「社長のワンマンチーム会社」から「ワンチーム会社」へ　目次

第2章　ワンチーム会社の土台づくり

第3章　ワンチーム会社へのVICTORYステップ①

第4章　ワンチーム会社へのVICTORYステップ②

第5章 ワンチーム会社へのVICTORYステップ③

第6章　ワンチーム会社への＋α

第
1
章

社長のワンマンチーム会社
と
ワンチーム会社

1　年商30億円の壁

「1」と「3」のつく数字に現れる壁

企業にはその成長過程において「年商の壁」というものが存在すると私は考えています。その「年商の壁」は、おおむね「1」と「3」のつく数字によく現れます。

・年商1億円
・年商3億円
・年商10億円
・年商30億円

私はそれまで順調に売上を伸ばしてきた企業が、これら1と3のつく年商の手前で「ピタッ」と売上停滞に陥る現象を数多く見てきました。こういった現象を私は「年商の壁」と呼んでいます。

「年商の壁」は「従業員数の壁」とも

この年商の壁は「従業員数の壁」と捉えてもいいかもしれません。
年商と従業員数の目安は一般的に、次のイメージです。

・年商1億円……3名
・年商3億円……10名
・年商10億円……30名
・年商30億円……100名

ただし、これらの数字はビジネスモデル上、粗利益率が20～30%の事業をしている企業で想定しています。

これがコンサルティング業界やシステム業界のように、粗利益率がほぼ100%に近い事業をしている企業の場合においては、年商と従業員数の相関関係は次のように変わります。

・年商1億円……10名
・年商3億円……30名
・年商10億円……100名
・年商30億円……300名

粗利益率が100%のビジネスをしている企業は、前記のように粗利益率が20～30%のビジネスをしている企業に比べて、年商に対する従業員数の目安が約3倍になります。

そのため「年商の壁」よりは「従業員数の壁」のほうが、どの事業をしている企業にとってもわかりやすい指標かもしれません(図表1)。

【図表１　「年商の壁」と「従業員数の壁」】

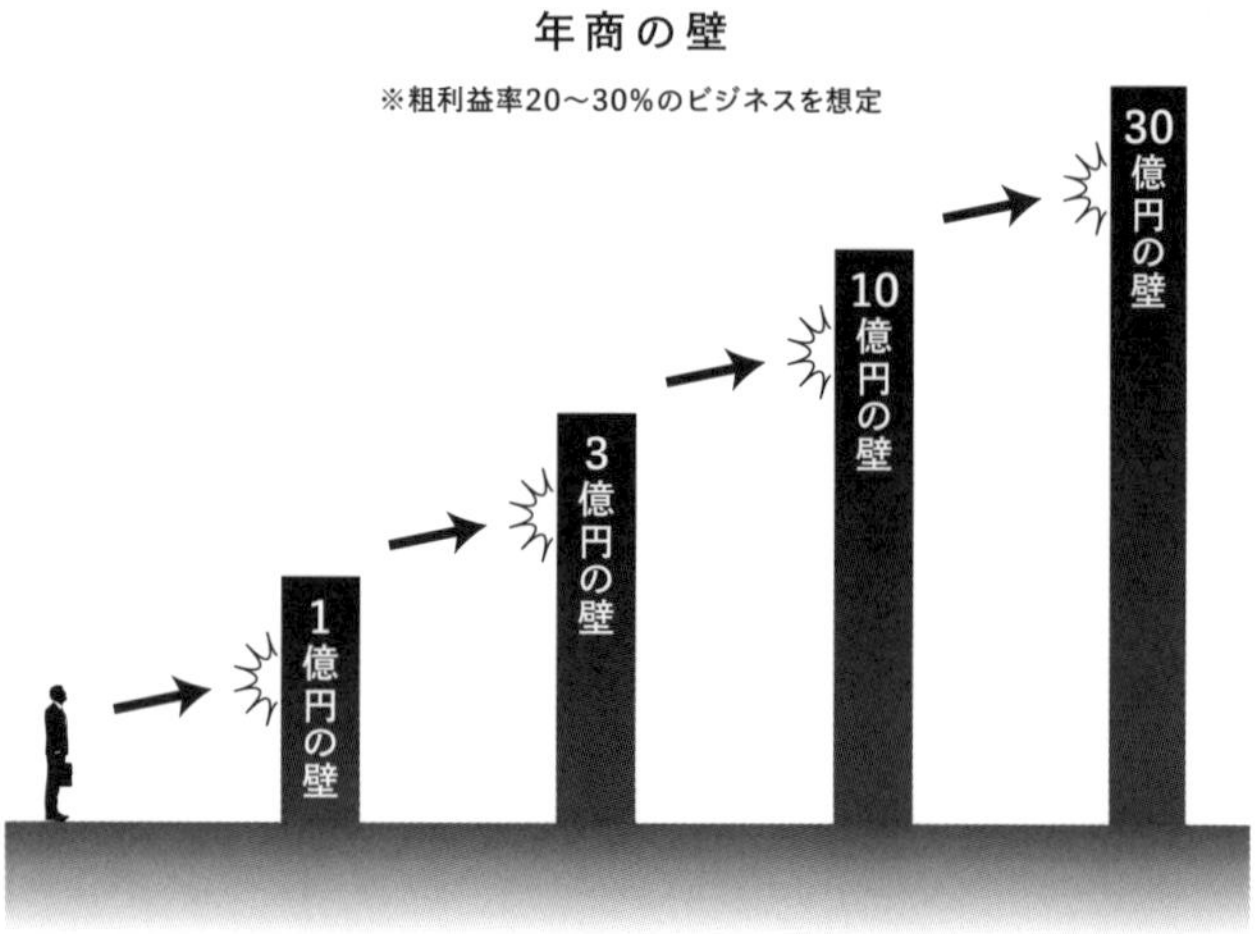

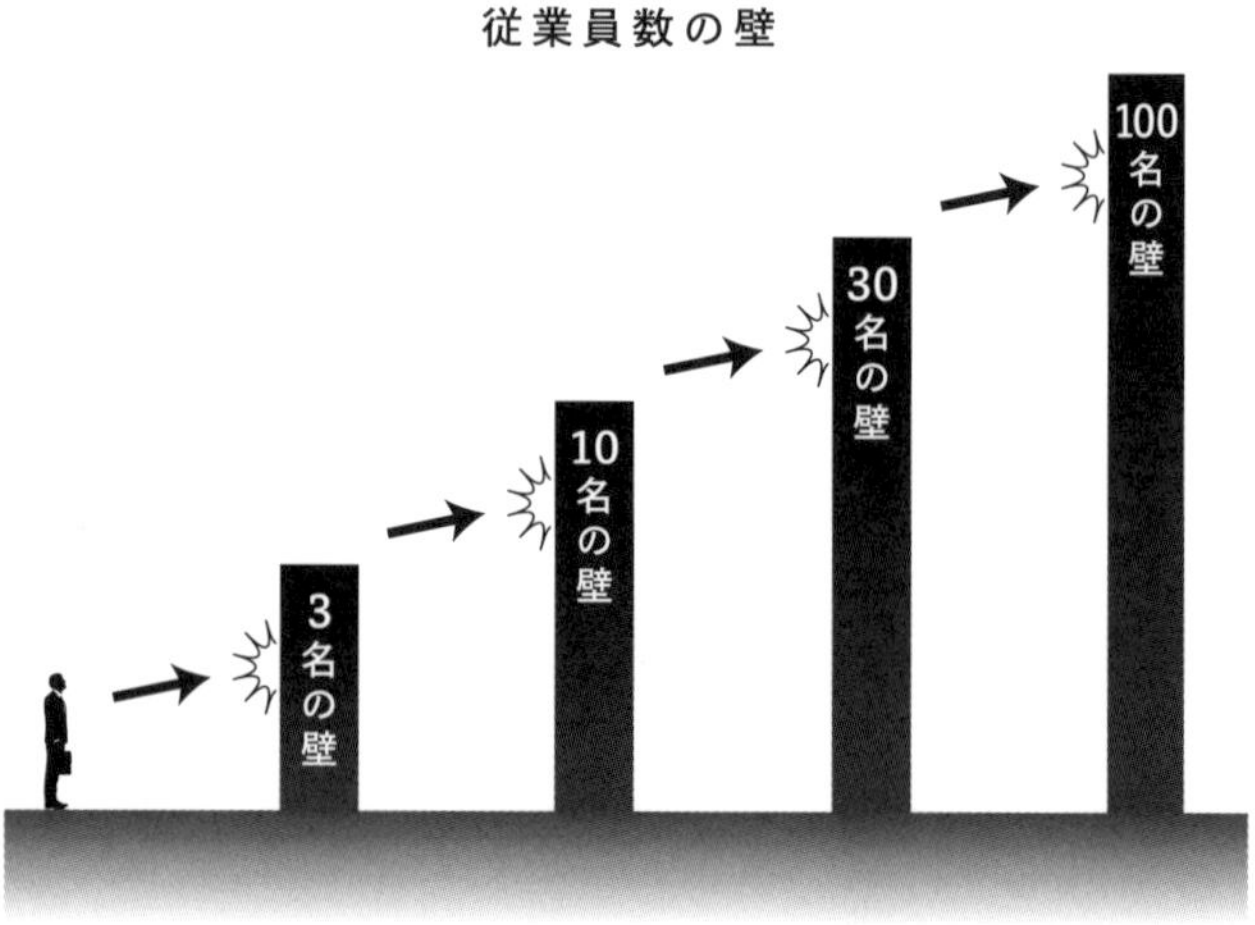

年商の壁ごとの成長過程

これらの年商の壁の順に沿って、企業の成長過程イメージを見ていきましょう。ここでは粗利益率が20～30％のビジネスモデルの企業の例でお伝えしていきます。

・年商１億円の壁……３名

創業社長とその仲間でスタートする「黎明期」です。全員がマルチタスクの状態で、とにかく営業し、商品サービスを納めるサイクルを高速で回すフェーズです。従業員数も少人数であるため、意思疎通がしっかり取れていて、商品サービスがよければクリアできる年商の壁と言えます。

・年商３億円の壁……10名

従業員を徐々に採用していきながら、更なる成長を目指していく「成長期」です。創業メンバーがマネジメントの中心となりながら、従業員に対してＰＤＣＡを徹底的に回していくことで成長していくフェーズです。社長ひとりでも全体を見渡せる組織であるため、従業員１人ひとりに対してマネジメントが行き届いていることでクリアできる年商の壁と言えます。

・年商10億円の壁……30名

採用活動に力を入れ、市場拡大を目指していく「拡大期」です。組織としては社長ひとり、もしくは社長ともう１名マネジメントができる従業員で、組織全体にマネジメントが行き届くギリギリの範囲ながら、増員した従業員に対する教育や業務の仕組みをつくり上げ、年商10億超えに向けた戦略・戦術の遂行を、経営者の強烈なリーダーシップで引っ張ることでクリアできる年商の壁です。
・年商30億円の壁……100名

このフェーズは「ファミリー企業」から「本格的な企業」として組織をつくり上げていく「統制期」です。年商10億円までの企業、つまり社長のリーダーシップで全社員を引っ張っていく組織モデルから脱皮する時期です。年商30億円の壁超えにおいては「リーダーシップ型組織」から「マネジメント型組織」へと変貌を遂げる必要があります（図表2）。

この年商30億円の壁超えのポイントである、リーダーシップ型組織が「社長のワンマンチーム会社」であり「マネジメント型組織」が「ワンチーム会社」を表しています。

2　社長のワンマンチーム会社

「社長のワンマンチーム会社」とは

世の中の多くの会社は「社長のワンマンチーム会社」ではないでしょうか。その中でも特に中小企業とされる企業規模の会社ほど、その傾向は強いと言えます。

この「社長のワンマンチーム会社」という言葉のイメージに近いのは「ワンマン社長」です。一般的にワンマン社長という表現は悪いイメージで認識されています。

【図表2　リーダーシップ型組織からマネジメント型組織へ】

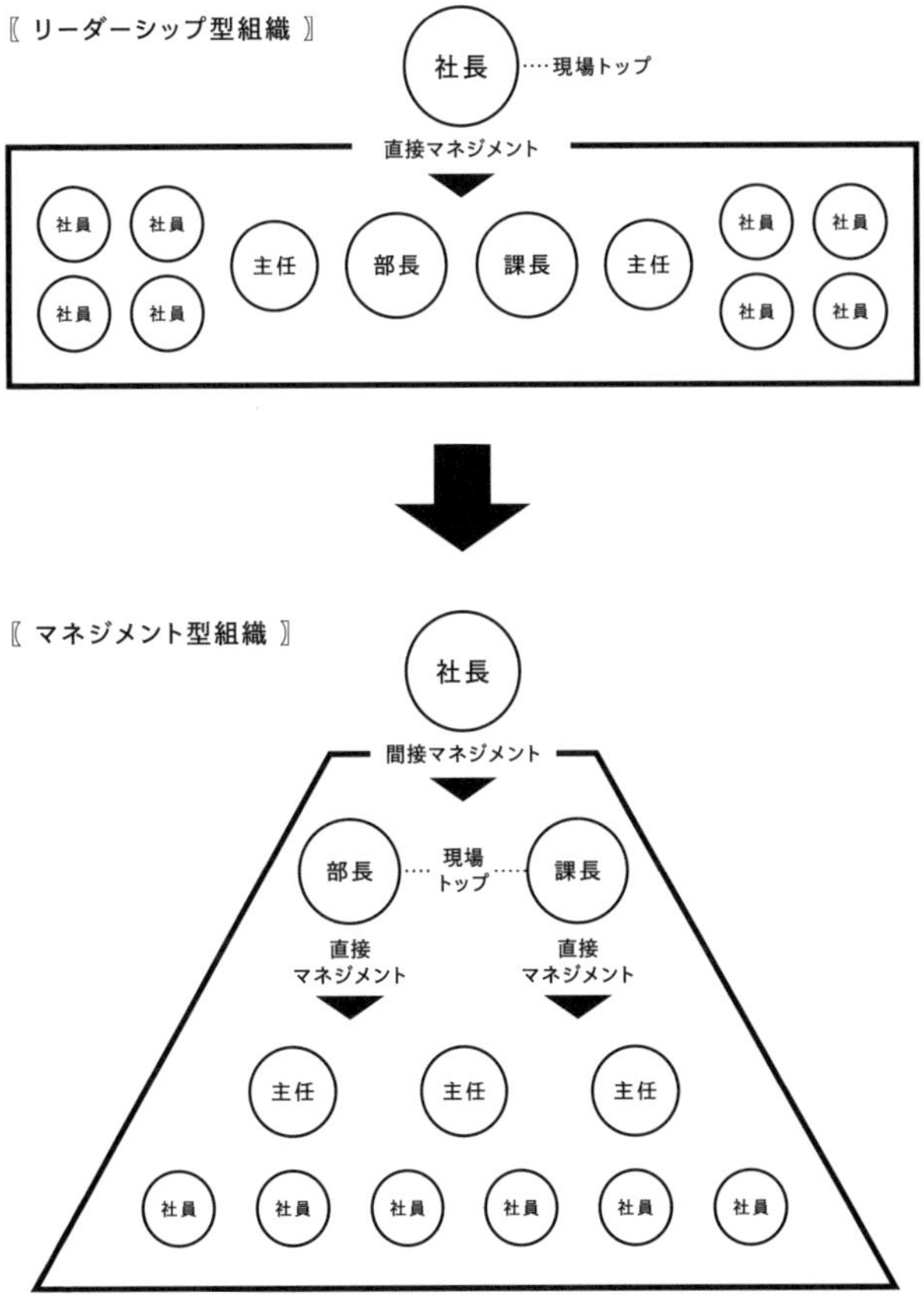

例えば、ワンマン社長に対する悪いイメージとしては、次のとおりになります。

- 「傲慢」
- 「社員に高圧的な態度をとる」
- 「社員の意見に一切耳を貸さない」
- 「指示や方針がコロコロ変わる」
- 「怒鳴る、脅す、などのパワハラ」
- 「イエスマンばかりを取り巻きにする」

このような特徴を挙げる場合が多いですが、本書で定義している「社長のワンマンチーム会社」とは、こういった社長の「性格」や「パーソナリティ」を指すものではなく、会社としての「機能」や「構造」を指しています。

本書で定義している「社長のワンマンチーム会社」の特徴は大きく次の6つです。

【1】自分で考えて行動できる従業員が少ない

社長のワンマンチーム会社の特徴の1つ目は、自分で考えて行動できる従業員が少ない会社です。
私はこれまで多くの中小企業の社長にお話を聞いてきましたが、「ウチの会社の従業員は自分で考えて行動するということができない」という言葉をよく聞きます。

社長のワンマンチーム会社の社長の場合、「戦略や戦術など、会社の方向性をすべて社長が決め、各部署の従業員に直接指示を出す」という組織構造のため、従業員は「社長から言われたことをやる」という行動が日常となりがちです。

そういった日常の行動が積み重なることで、ボトムの社員はもちろん、ミドルマネージャーと言われる層の従業員までもが「自分で考えて行動する」ということをしなくなる結果、社内には「指示待ち従業員」が多く存在してしまう、そのような会社になっています。

【2】会議で話しているのは8割が社長

どの会社にも会議は存在すると思いますが、社長のワンマンチーム会社の場合、その特徴が会議によく表れます。その特徴は、会社の会議が「社長の独演会」になっている、ということです。

例えば営業部の売上報告や管理部門のコスト報告、現在行動していることや今後の進め方、など会議で従業員が様々な報告をする中、それらの報告に対してすべて社長がフィードバックをする、という流れは想像に難くないのではないでしょうか。

こういった会議のあり方が結果的に「会議は社長の話が8割」という現象を生み出します。これはそのようなあり方が悪い、ということではありません。マネジメントのあり方がこのような構造を生んでしまっているのです。

社長のワンマンチーム会社の場合、社内で最も正確な経営判断と従業員へのフィードバック、そしてマネジメントできる人が社長です。その社長の発言は合理的で的を射ていることが多いため、従業員が社長に対して何かを発言することは少なく、結果的に会議が社長の独演会になっています。

【3】社長が会社の売上の半分以上を稼いでいる

社長自身が積極的に営業を行い、自社の売上の半分以上を稼いでいる会社は典型的な「社長のワンマンチーム会社」と言えるでしょう。企業規模が小さければ小さいほどその傾向は強いです。

特に中小企業においては、社内で最も営業力の高い人材が社長自身、という場合がほとんどであるため、そのような売上構造になるのは当然です。

また、自社の営業社員が社長の満足するレベルまでなかなか育たないため、「自分で売上をつくらないと会社が潰れてしまう」という危機感から、否応なしに社長自身が営業に出なければいけない状況がつくりだされます。

特に自分で会社を立ち上げた「創業オーナー」の会社ほど、このような組織構造の傾向が強いです。

創業オーナーの場合、スタートアップの時期は「営業」「サービス（納品）」「管理」とすべて自分自身で行わなければいけません。「仕事の1から10まで自分自身で行わないといけない」という感覚や考え方、そしてそれが行動のクセとして、組織化した現在においても続いている状況が主な原因であると言えます。

【4】社長が自社内の部署すべてのトップに立ちマネジメントをしている

営業部のトップとして陣頭指揮を振るうのはもちろん、サービス部や製造部、管理部など自社のすべての部署を自身で直接マネジメントしている状態も、社長のワンマンチーム会社にはよく見受けられます。

自社のマネージャーが頼りないと思っている社長ほど、自分自身でマネジメントをしなければいけないと思い、このような状態になっている場合が多いです。

こういった「社長のワンマンチーム会社」の社長の口癖は、次のようなものが多いです。

・「ウチの部長はマネジメントができていない」
・「ウチの課長は部下を育てられない」
・「なぜ管理職なのに自分で考えて動けないのか」

私自身も当社に相談に来られる経営者からこういった言葉をよく聞きます。

【5】社長が自社のすべての意思決定をしている

例えば自社に「営業部」「サービス部」「総務部」の３つの部署が存在する場合、それらすべての部署にそれぞれ「部長」や「課長」など、いわゆる「マネージャー（管理者）」と言われる役職者が存在する企業は多いと思います。しかし、社長のワンマンチーム会社ではそういったマネージャーは形だけの存在になっていることが多いです。

形だけというのは、管理者として「何の権限も持っていない」ことを指します。これは社長が自社の部長や課長に対し「部や課をまとめる人材として正しい意思決定ができない」と思っている場合が多く、結果的に社長自身がすべての意思決定をしなければいけない組織状態になっています。

【6】経営目線をもって仕事をしている人材が自社の中で社長のみ

一般的に社長というのは、経営者として自社の利益を上げ、そして存続していくために「人・物・金・リスク・情報」など、会社の先行きの想定や総合的なバランスを考えながら日々仕事に取り組んでいます。

しかし、従業員が自社の売上やコスト、リスクなどに対して日々意識をしながら仕事に取り組んでいるかというと、残念ながらほとんどの中小企業の場合、そうではありません。

社長のワンマンチーム会社のもとには「言われたことだけやる、自分の目の前の仕事だけをやる」といった、仕事に対して受け身の姿勢の社員が集まりやすく、またそういった社員が残りやすいです。なぜなら社長が強烈なリーダーシップを発揮し過ぎているため「社長から言われたことだけをやっていればいい」という社風ができあがるからです。

その結果、経営目線をもって仕事に取り組んでいる人材は、「社内で社長自身だけ」という構造になりやすいのです。

私はこれらのような組織機能、組織構造になっている会社を「社長のワンマンチーム会社」と定義しています。このような社長のワンマンチーム会社ですが、そういった会社であることのメリットとデメリットがあります。

社長のワンマンチーム会社のメリット

社長のワンマンチーム会社のメリットは、社長自身に不測の事態が起きない限りは安定経営が可能だということです。社長のワンマンチーム会社の社長は、会社の中で一番能力が高いため、社長のワンマンチーム会社の定義でも先述したように、社長自身が会社の売上の半分以上を１人で稼ぎながら、自社内の部署すべてのトップとしてマネジメントを行い、経営目線を軸とした成功確度の高い意思決定をして会社運営をしています。

それゆえに、会社として大きなトラブルが生じることや、大きな損失が出るようなことも少なく、安定経営できている会社が非常に多いです。

しかし、デメリットもあります。

【図表３　社長のワンマンチーム会社の土台は「社長」】

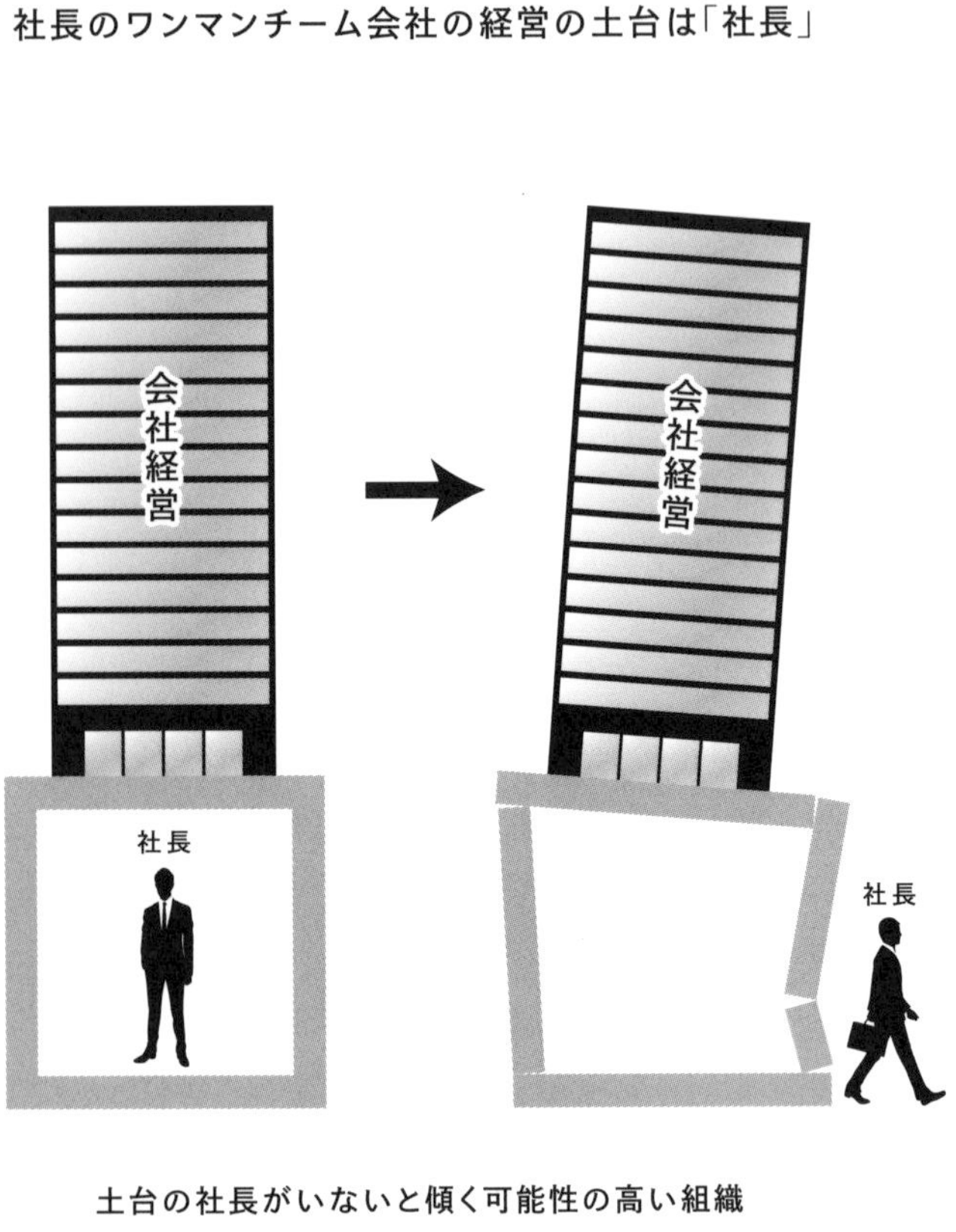

社長のワンマンチーム会社のデメリット

①社長が現場からいなくなった瞬間に倒産危機に陥る

社長のワンマンチーム会社の最大のデメリットとしては、メリットでお伝えしたように安定経営を実現できている源泉が社長自身であるため、「不測の事態で社長が現場からいなくなった瞬間に、会社が倒産危機に陥る可能性が高い」ということです（図表3）。

下手すると社長が稼いでいた分の売上がなくなり、マネジメントできる人材が社長以外にいないため、マネジメントが機能しない組織となり、経営目線に基づいた成功確度の高い意思決定を下すこともできない組織になってしまいます。

これは事業承継や後継者問題にも繋がります。よく「2代目社長が会社を潰してしまう」というのは、先代が社長のワンマンチーム会社のままの状態で2代目に引き継いでいることとも関係があるのではないでしょうか。

特に創業社長というのはリーダーシップがずば抜けて高い傾向にあります。そういった社長ほど会社と社員をどの方向に引っ張っていくのかを本能的に知っており、会社全体をリーダーシップ、あるいはカリスマ性といったものでまとめています。

しかし、そのような社長の個人の存在で会社が一致団結している状態は、社長がいなくなるとその「魔法」は解け、一致団結した組織が瓦解するリスクが表面化してしまうのです。

②企業成長、組織拡大に限界がくる

社長のワンマンチーム会社のもう1つのデメリットは、社長のワンマンチーム会社の状態のままだと、企業成長や組織拡大にいつか限界が来ることです。

「統制範囲の原則」をご存知でしょうか。統制範囲の原則（スパン・オブ・コントロールともいわれる）とは、1人の管理者が直接的に管理できる部下の人数には限界がある、という組織設計の原則です。

管理者1人あたりが統制できる人数は諸説ありますが、一般的には5～7人程度、ルーティン業務などであれば20人程度と言われ、この数字を超えると管理効率が低下するとされています。

私が多くの社長のワンマンチーム会社をサポートしてきた経験からすると、社長1人が会社を統制している状態のままの場合、年商5億円、従業員数15名を超えてきた辺りから売上成長が止まる会社が多いですが、どんなに能力の高い社長が運営するワンマンチーム会社でも、社長1人が統制し、管理機能を高い状態に保ち続けられるのは年商10億円、従業員30名程度までです。

それ以上の企業規模である、年商15億円や年商20億円、従業員数でいうと50名や70名程度の組織になった途端に、売上がピタッと止まってしまう傾向が強く表れます。

つまり、社長のワンマンチーム会社のままの場合、社長自身の統制範囲の限界値が、企業成長や組織拡大の「壁」とイコールになると言えるでしょう。

3　ワンチーム会社

ワンチーム会社への変貌

スポーツの分野においてもワンマンチームという表現はよく使われます。「そのチームの中のトッププレイヤーがいなければ勝てないチーム」という意味です。

企業としてのワンマンチームの意味もそのまま、「トッププレイヤーである社長がいなければ勝てないチーム」です。ビジネスの世界に置き換えれば、社長がいなくなった瞬間に会社として著しく機能が低下し、業績悪化、最悪倒産してしまう、そのようなリスクを背負っている会社です。

しかし、こういったリスクを背負いながらも、社長のワンマンチーム会社のままを選ぶ社長もいると思います。「自分の責任のもとで安定的に会社運営していきたい」「自分の力だけでどこまで会社を大きくできるか挑戦してみたい」という志向の経営者も多くいらっしゃいます。そのような経営者は、もちろん社長のワンマンチーム会社のままでいいと思います。私は決して社長のワンマンチーム会社が悪いということを言いたいわけではありません。

ただ、これまで私がお会いしてきたワンマンチーム会社の社長には「自分のワンマンチーム会社から変わる必要がある」「自分が先頭で必死に頑張るという状態から卒業したい」という思いをもっている社長が非常に多いです。

そのような社長のワンマンチーム会社はおしなべて、次のような不安を抱えています。

・「毎日朝から晩まで働いて、気が付いたら会社成長が止まっていた」
・「いつの間にか社員との距離がどんどん離れている」
・「自分がいなくなったら、この会社はどうなるんだろう」

そのような不安をなくし、会社を更に成長させていくためには、「社長のワンマンチーム会社」の状態から「ワンチーム会社」になる必要があるのです。

「ワンチーム会社」の定義

「社長のワンマンチーム会社」から「ワンチーム会社」になる、ということはどのような組織状態を指すのか。私は次のような組織状態をワンチーム会社と定義しています。

◎会社が目指すべきものに向かって、従業員が一丸となり、1人ひとりがベストを尽くして突き進んでいる状態。

このような組織状態がワンチーム会社の定義ですが、この定義を「機能的」な表現として更に5つに分解しています。

【1】社内に自分で考えて行動できる従業員が多くいる状態

社長のワンマンチーム会社にありがちな「社長の指示・命令に従って社長の手足として仕事を遂行する従業員の集団」だとしても企業成長はできると思いますが、組織構造としてはワンチーム会社ではありません。社長がいなくなってしまったら、立ち行かなくなる会社になってしまいます。

そうではなく、自分で考えて行動できる従業員がより多くいることで、社長１人の指示・命令の延長上にはない結果を生むことができる組織になれます。

会社の目指すべきものに向かって、従業員１人ひとりが自ら考え、能動的に仕事に取り組む状態こそがワンチーム会社の基本的な状態であると言えます。

【2】社長自身が現場に出なくとも、社員の力だけで売上が上がり続ける状態

ワンチーム会社の基本としては社長が積極的に現場に出ずとも、社員が売上を上げてくれるような組織になることです。社長が現場仕事に費やす時間をなるべく短くし、経営者本来の仕事に費やせる時間を増やす状態をつくることができれば、更なる企業成長へと繋がります。

どれだけセールス能力が高い社長でも、人が１人でできることには限界があります。社長と同じ能力を持つ社員が社内に３人、４人といればいいですが、中小企業の多くはそういった状態にありません。

社長自身が積極的に売上を上げる会社の場合、社長1人の限界値が企業成長の限界値になってしまうため、社員だけで売上を上げ続ける組織状態にすることが必要です。

とはいえ、社長の売上をいきなり0にするのは非現実的なため、社長の売上高は現在の状態をキープ、もしくは徐々に落としていきながら、社員が稼ぐ売上高を底上げしていくことで、社長自身の社内での「売上比率」を下げていく、というイメージです。

【3】社長が直接マネジメントをしなくとも、会社が機能している状態

社長が社内のすべての社員に対して直接マネジメントする「個」でマネジメントを機能させている状態ではなく、マネジメントチームが社員をマネジメントする「組織マネジメント」を機能させる状態がワンチーム会社です。

組織としてのマネジメントが機能すれば、管理職が社員を直接マネジメントすることができ、成果を上げる組織づくりが可能になります。そして、そのマネジメントチームを社長が間接マネジメントすることで、組織としてのマネジメント力が更に上がり、ワンチーム会社へと近づくことができます。

そういった構造がつくられることで、従業員数が増えても再現性高くマネジメントが機能し続けるため、安定的な会社成長、組織拡大が可能となります。

【4】社長が自社のすべての意思決定をしなくとも、適切な決断を下せる管理職がいる状態

細かい案件まですべて社長が意思決定をせずとも、管理職が適切に意思決定できる組織状態もワンチーム会社の定義の1つです。

自社の案件の棚卸を行うと、社長が意思決定をしなくともいい案件が想定よりかなり多くあることに気づきます。会社の行く末を左右する重要な案件に関しては社長が意思決定をしていきますが、社長が意思決定をしなくともいい案件に関しては、徐々にマネジメントチームに権限を移譲していく必要があります。

それにより、「社長が本来すべき仕事」に費やせる時間を増やすことができます。同時に、マネジメントチームに権限移譲することで、自身に裁量が与えられていることに対する責任感の向上や、細かい案件だとしても自身が意思決定をするなどの行動の積み重ねがマネジメントチームの成長に繋がります。

【5】社内の人間の多くが経営目線をもって仕事をしている状態

会社の利益というものを考え、「売上」「原価」「管理費」などに対して常に意識を向けた従業員が、社内に多くいればいるほど、1人ひとりの仕事や業務の遂行レベルが上がり、会社の成長に比例した「利益を生む会社」になることができます。

「会社の売上は上がっているけど、利益はさほど変わっていない」という会社を多く見かけます。そういった会社ほど経営目線で仕事をしている従業員が少ない傾向にあります。

多くの従業員が経営目線をもつことで「業務の効率化」「無駄な残業の削減」「1円でも利益を上げる工夫や交渉」「原価、経費の低減」などにつながり、利益を生む会社になることができます。

利益を上げる、という「企業として不変の目標」に向かって、全社員が一丸となって取り組む組織がワンチーム会社と言えるでしょう。

ワンチーム会社になるために

このように「社長1人が頑張らなくてもいい組織」「社長が現場から離れても安心して社員に任せられる組織」がワンチーム会社の「構造」です。その組織構造がつくられることによって、全社員が一丸となり、同じ目的や目標の達成に向かい、ベストを尽くして突き進んでいくことができる会社になることができます。

特に、年商30億円を目指している会社や、年商10億円の規模で売上が停滞してしまっている会社ほど「社長のワンマンチーム会社」という組織構造から「ワンチーム会社」の組織構造への転換が重要となります。

次の章から、こういったワンチーム会社になるための考え方をお伝えしていきます。

第2章

ワンチーム会社の土台づくり

1　マネジメントチームをつくる

マネジメントがチームになっている状態とは

自社のマネジメントはチームになっているでしょうか？　そしてそのチームは「強力なチーム」になっているでしょうか？

社長のワンマンチーム会社から「ワンチーム会社」へと変貌を遂げるための前提には、自社に「強力なマネジメントチーム」をつくることが必要です。

ここでいうマネジメントとは、組織における管理職（またはミドルマネージャー）を指します。そういったマネジメントが「チームになっていない」というのはどういう組織かと言うと、次のような組織です。

・「自身が管理している部門、チームにしか興味がない」
・「部門間、職掌間での管理職同士の情報共有、連携ができていない」
・「自社の理念やビジョンに対してコミットし切れていない」

こういったマネジメントが存在している会社が順調に企業成長していけるでしょうか。必ずとは言い切れませんが、仮に企業成長できたとしても、どこかのタイミングで「壁」に阻まれる組織になる可能性が高いでしょう。

逆にマネジメントがチームになっている状態は、次のようになっています。

◎自社の理念やビジョンにコミットし、自身が管理するチームでリーダーシップを発揮しながら、部門間においても連携がなされ、それぞれがやるべき役割を自分事として捉え、責任をもって遂行し、目標を達成する。

このようなマネジメントチームを自社でつくることができれば、自社が目指すビジョンや経営計画の達成の可能性が多いに高まるでしょう。

従業員エンゲージメント

このようなワンチーム会社の状態は「従業員エンゲージメントが高い会社」とも言えます。従業員エンゲージメントとは、従業員の会社に対する愛社精神や愛着を指します。つまり、従業員エンゲージメントの高い会社とは、会社の理念やビジョンに共感し、その理念やビジョンを達成するために意欲的な行動ができる集団を指します。

「従業員エンゲージメントの高さと企業の売上や利益には密接な関係性がある」というデータが

あります。

株式会社リンクアンドモチベーションが194社を対象に実施した「エンゲージメントと企業業績」という研究データによると、エンゲージメントの高い会社ほど、測定した翌年の売上伸長率、純利益伸長率が高いとされています（図表4）。

まさに従業員エンゲージメントを高めることこそ、企業成長において重要な「人事戦略」の1つだと言えるでしょう。

従業員が会社に求めているものは「ワンチーム」

会社に求めるものは個々人によって様々ですが、その中でも会社に対して「ワンチーム」を求める人は非常に多いです。

株式会社ノースサンドが20～40代の転職活動中の会社員200人に調査したところ、「あなたが会社に求めるものは何か？」の問いで1位の回答が「会社・チームの雰囲気がよく、一体感がある」でした（図表5）。

この表現はまさに「ワンチーム」そのものだと言えます。このような会社であれば従業員一人ひとりが能動的に仕事に取組み、目標達成に向かって一丸となっている「ワンチーム会社」であることが容易に想像できるでしょう。

【図表4　エンゲージメントスコアと企業成長率の相関】

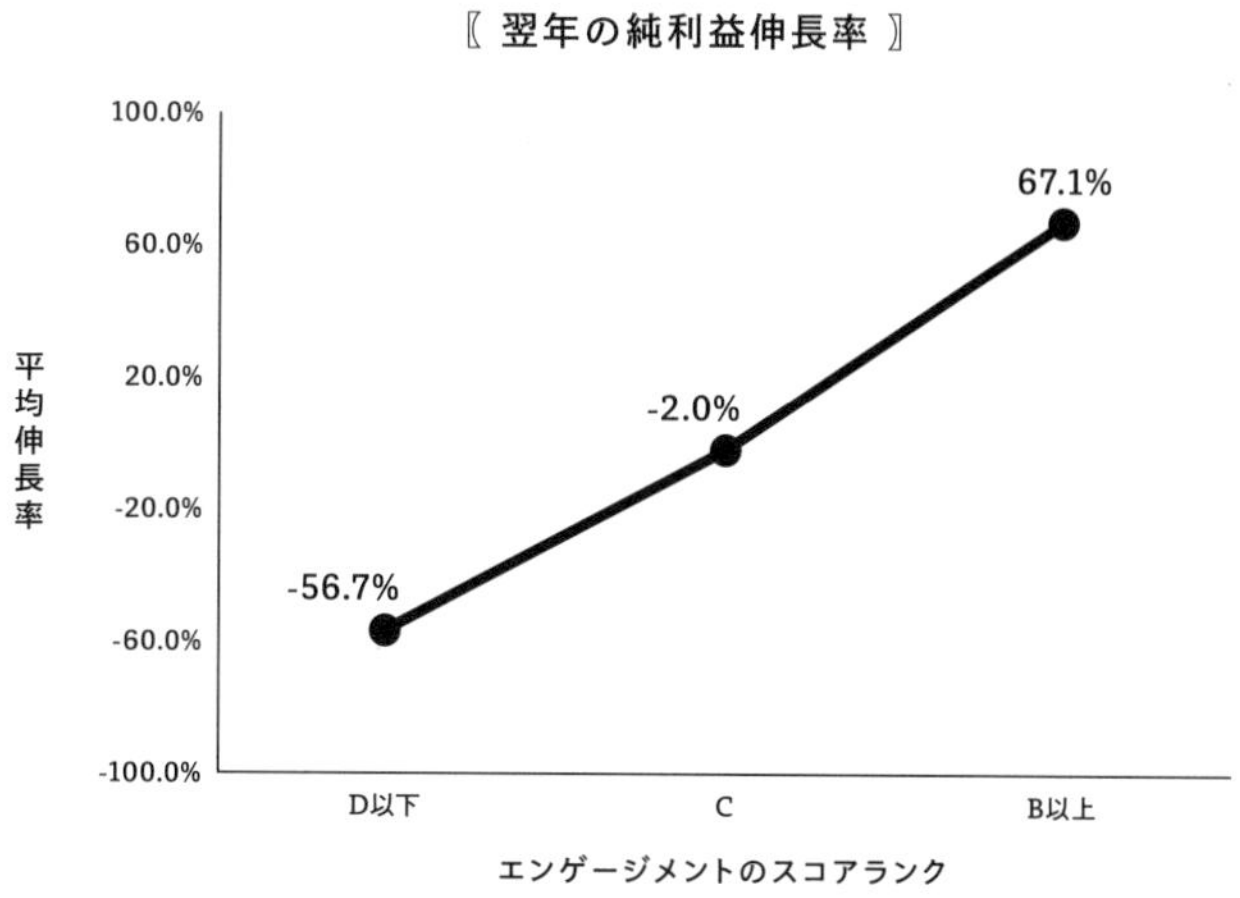

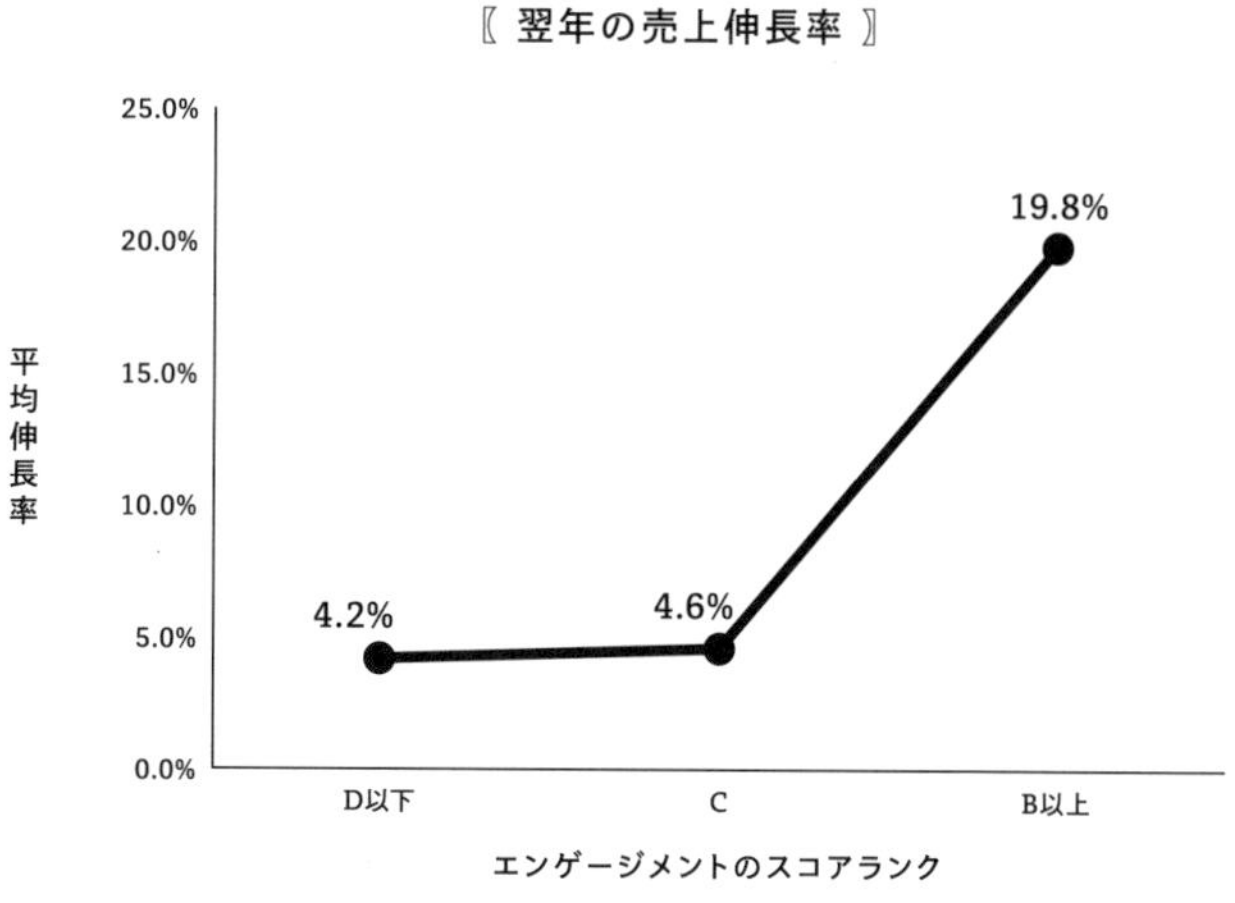

出典：MOTIVATION CLOUD公式

【図表５　会社に求めるもの】

アンケート概要「経営理念×やりがいに関する調査」

対象：20代～40代の転職活動中の会社員200人

『 あなたが会社に求めるものをすべてお選びください 』

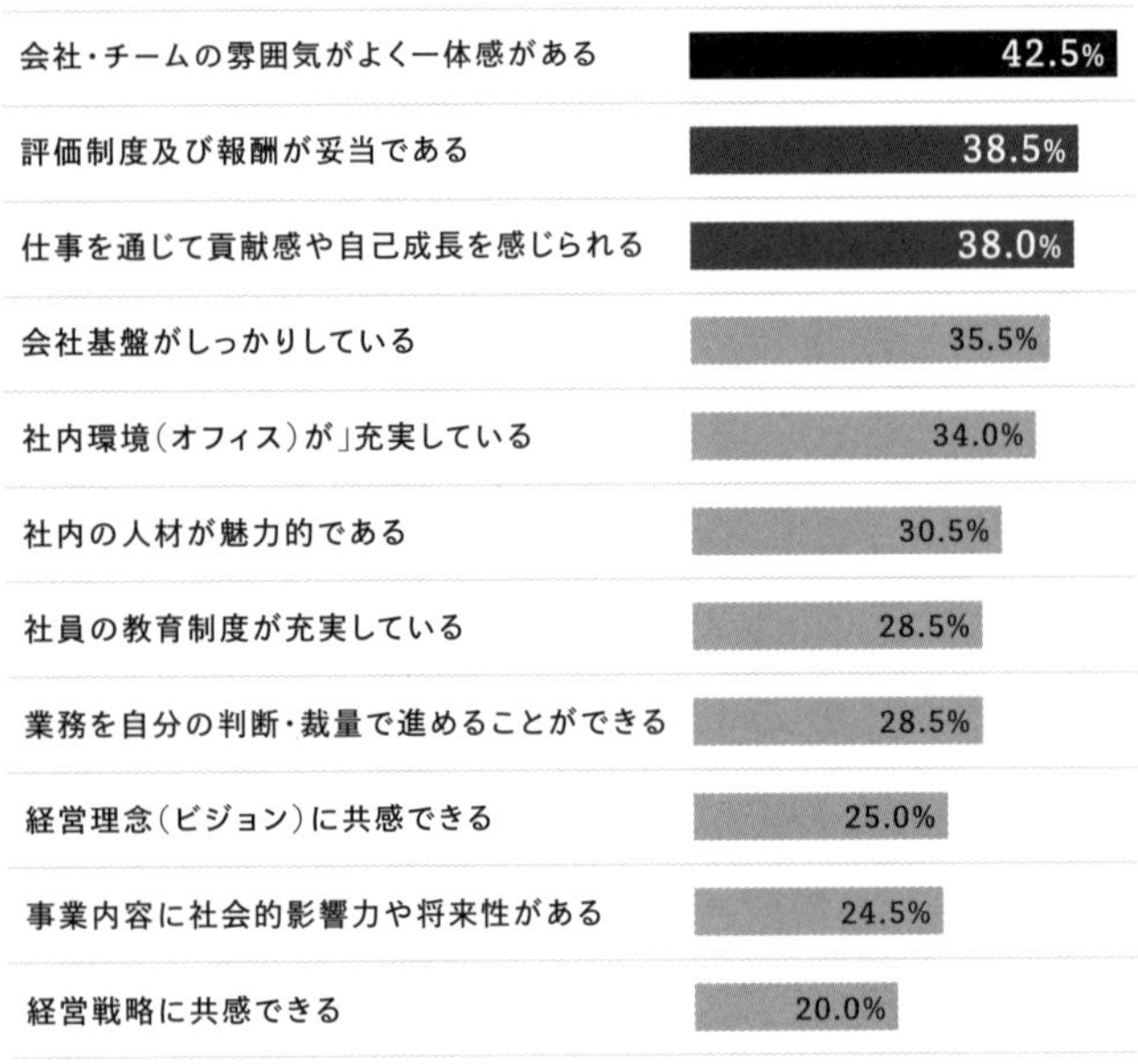

出典：株式会社ノースサンド調べ

ボトムからは「ブーム」しか生まれない

様々な経営者やコンサルタントがそれぞれの考えを持っていると思いますが、その中でも「組織における ボトム社員から組織改革をしていく」という考えがあります。

組織におけるボトム社員というのは、役職のない一般社員を指します。一般社員から変革を生み出し、全社へ波及させるという考え方ですが、私としてはその変革の考え方は「著しく実現可能性が低い」と思っています。

ただ、この考えは成熟期や衰退期のビジネスモデルの年商30億円未満の企業規模の会社の場合です。相対的に優秀な人材が多く入社する大手企業や、黎明期、成長期のビジネスモデルの企業であれば話は別です。自社内で新規事業の立ち上げや新商品開発など、ボトム社員でも先頭に立つ場が多く用意されており、それらのプロジェクトの成功が全社に波及して組織変革に繋がる、という事例はあると思います。

しかし、これが成熟期や衰退期のビジネスモデルの年商10億円の企業だとそうはいきません。指示命令系統はどうしてもトップダウンになっており、ボトム社員が何か新しい取り組みを行ったとしても、上手くいけば一瞬の「ブーム」は生まれますが「変革」にはなりません。そういった企業を多く見てきました。

勘違いしていただきたくないのは、ボトム社員から会社を変えることが難しい組織が悪いわけではありません。「その会社によって、組織のどの部分にフォーカスを当てたほうが効果のインパクトが強いか」が違うということです。

年商10億円の社長のワンマンチーム会社が、年商30億円のワンチーム会社を目指すにあたっては、何といっても組織の中核を担うマネジメントチームにフォーカスを当てたほうが、会社に与えるインパクトは圧倒的に高いです。

マネジメントチームからボトムへと波及効果

自社の全従業員を一気にまとめて、ワンチーム化することは非常に難しいです。そうではなく、まずは経営とマネジメントチームがワンチームになり、マネジメントチームがワンチームになっていく過程、またはなった後、徐々に組織のボトムへと波及していき、最終的に全社としてワンチーム会社になっていく、というプロセスがほとんどです。

組織は頭からよくなる

「魚は頭から腐る」というロシアの諺を聞いたことがあるでしょうか。日本では「組織は頭から腐る」という言葉のほうが認知されているかもしれません。特に会社としての仕組みが少なく、人と人との繋がりが濃い組織である中小企業においてはこの言葉は真理かもしれません。

この言葉は悪い意味で表現されていますが、逆を言えば「組織は頭からよくなる」ということです。現状の経営やマネジメントの「仕方」がよい悪い、ということではなく、経営やマネジメントの「あり方」を変えるということです。

私はこれまで、「経営やマネジメントのあり方が変わることで、組織全体が大きく変わる」という瞬間に多く立ち会ってきました。ボトムからはブームしか生ませませんが、マネジメントからは変革が起こるのです。

2　誰をマネジメントチームに選ぶのか

マネジメントチームメンバーの選び方

組織を変え、ワンチーム会社に変貌していくための最大の鍵を握るのはマネジメントチームです。

このマネジメントチームをつくるとき、最初に考えなければいけないのは「自社の中で誰をマネジメントチームに選ぶか」です。

指揮命令系統やその従業員が持っている影響力などから「組織は頭からよくなる」のは明白であるため、基本的には会社組織としての序列が基準となります。

メンバー数もポイントで、少なすぎるとチームとして生み出すインパクトが低くなりがちで、多すぎると「船頭多くして船山に上る」が常であるためスピード感が落ちます。

これまでの10年間、当社では70社に対して、社長のワンマンチーム会社をワンチーム会社に変える「ＯｎｅＴｅａｍＭｅｅｔｉｎｇ」を顧客のマネジメントチームに実施してきましたが、これらの経験から最適なメンバー数は５〜７名だという結論に至りました。

特に年商30億円未満の企業規模の会社の場合、メンバー構成は次のようになる場合が多いです（図表６）。

①社長
②専務
③役員
④〜⑦○○部長　※社内における部門別責任者

将来の組織を見据えた抜擢選抜も

また、従業員数が比較的少ない会社においては、現時点では役職がなくとも将来的に幹部候補の従業員をマネジメントチームメンバーに抜擢する場合もあります。現在の部門長がマネジメントメンバーとして不安な場合は、同様にその部門内でナンバー２の従業員や幹部候補生を部門長とともにマネジメントチームメンバーに選抜する場合もあります。

【図表6　マネジメントチームのプロジェクトメンバー】

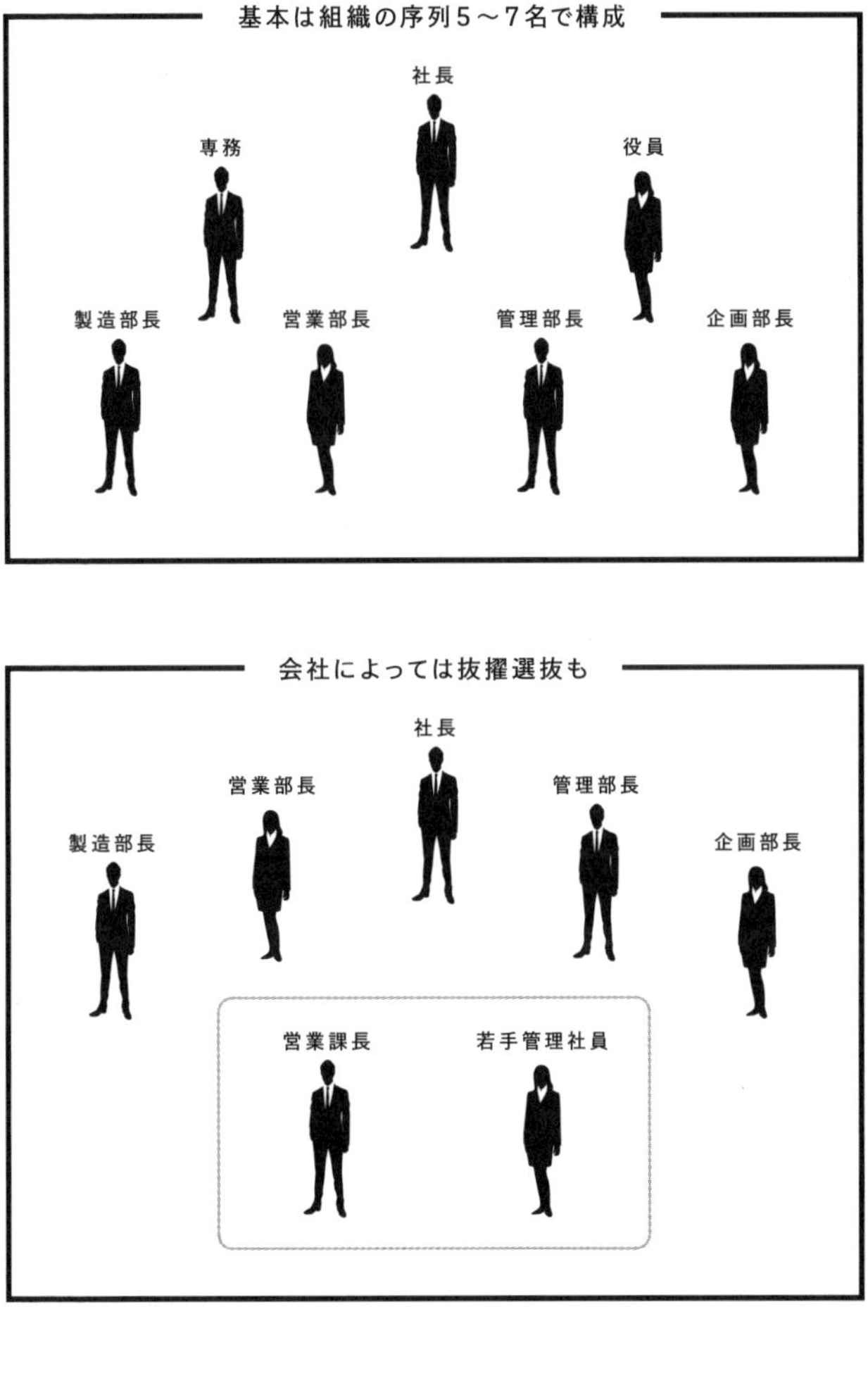

この抜擢、選抜には2つの目的があり、1つはマネジメントチームとして結果を出していくためには、そもそもの能力値や潜在能力が高く、かつ行動の量とスピード、正確性に長けたメンバーが必要だからです。現在の部門長よりもそれらが長けたメンバーが同部門にいるのであれば、そのメンバーを抜擢してプロジェクトを推進したほうが圧倒的に成功の確率とスピードが上がります。

2つ目の目的は将来を見据えた教育とエンゲージメントです。将来、自社の中核を担うメンバーになるであろう資質の高い若手・中堅社員をマネジメントチームに入れて、レベルの高い環境と難易度の高いミッションを遂行し、クリアしてもらうプロセスが教育に繋がります。またそれが会社に対するエンゲージメントを高める役割を果たします。

「中小企業は優秀な人材から辞めていく」とはよく言われますが、その原因は先述した「20~40代の転職活動中の会社員200人のアンケート」の別データでも表れているように（図表7）、ハイパフォーマーほど「処遇」関連のことはもちろん、会社のビジョンや戦略への共感、優秀な人材に対して期待の表れであるチャレンジングな仕事を任せてもらえているかどうかを重視しているのです。優秀な人材が次々と辞めてしまっている会社ほど、ハイパフォーマーが重要視していることをおざなりにしている傾向が高いです。

会社としても将来が期待できる優秀な従業員には辞めてほしくありません。そのため、このようなマネジメントチームに抜擢選抜することで様々な効果を生み出すことができます。

【図表7　ハイパフォーマーが重視するもの】

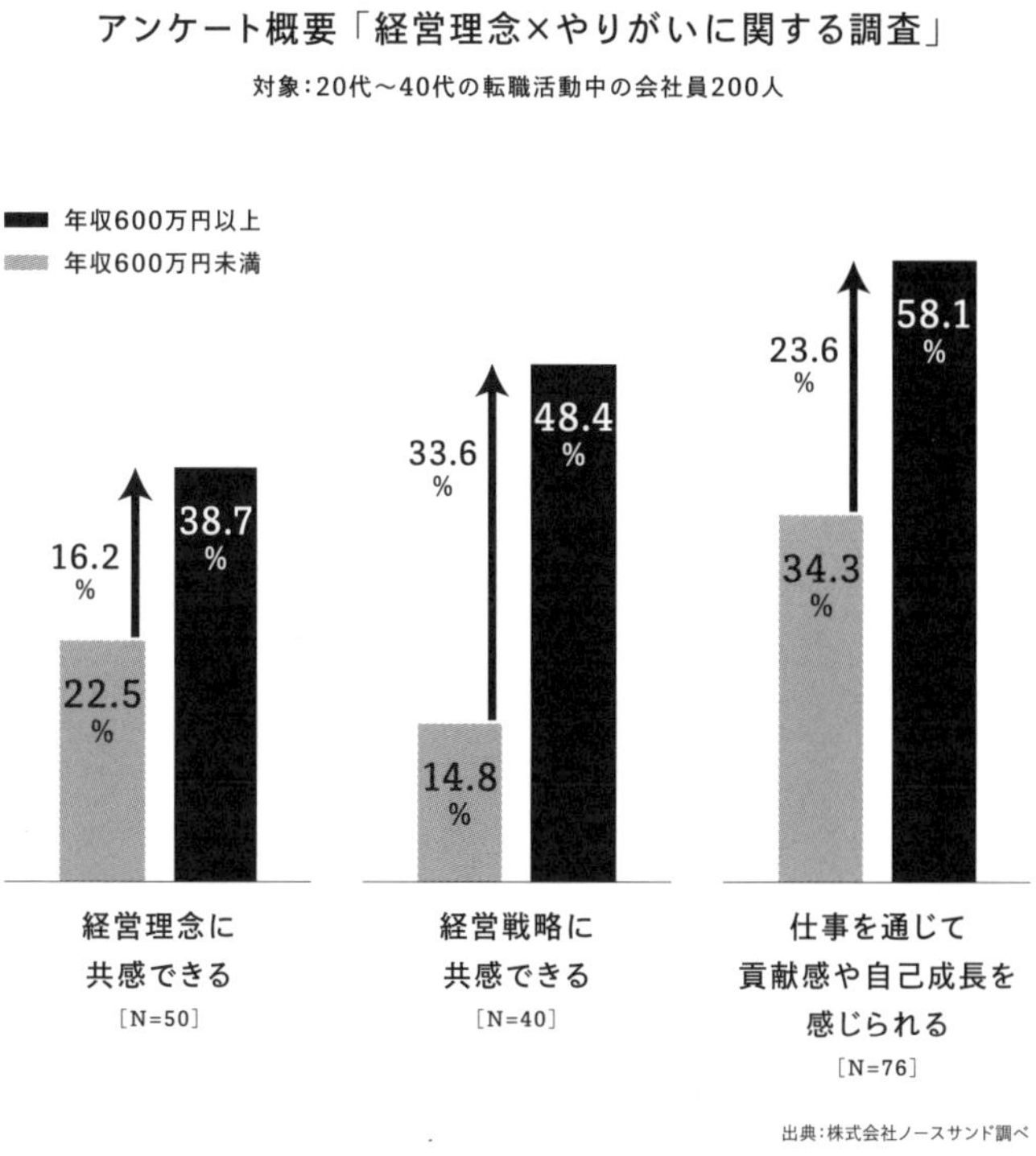

年収600万円未満と600万円以上の人で
回答の割合を比較した結果、
600万円以上の人、つまりハイパフォーマーほど
経営理念、経営戦略に共感できることを
重視する人の割合が大きい

マネジメントチームをワンチームにする「VICTORYステップ」

マネジメントチームをワンチームにする前提として、当然ながらチームを「勝てるチーム」にしなければいけません。負け続ける組織がワンチームになることはありえないからです。

当社ではマネジメントチームを勝てるチームにするためのステップを、その名のとおり「VICTORYステップ」と名付けています（図表8）。

「VICTORYステップ」とは、その頭文字をとり、次のような意味です。

VI……VIsion（未来像を定める）
CT……CIear Task（課題を明確にする）
ORY……Overcome tRY（乗り越える試みをする）

この「VICTORYステップ」をやり抜くことによって、マネジメントチームを勝てるチームにし、ワンチーム会社となれる過程を歩むことができます。

「未来を定め」「課題を明確にし」「乗り越える試みをする」というステップは一見、企業活動において当たり前のステップのように捉えられるでしょう。

しかし、「VICTORYステップ」の1つひとつの考え方やプロセス、手法などをご覧いただ

【図表８　VICTORY ステップ】

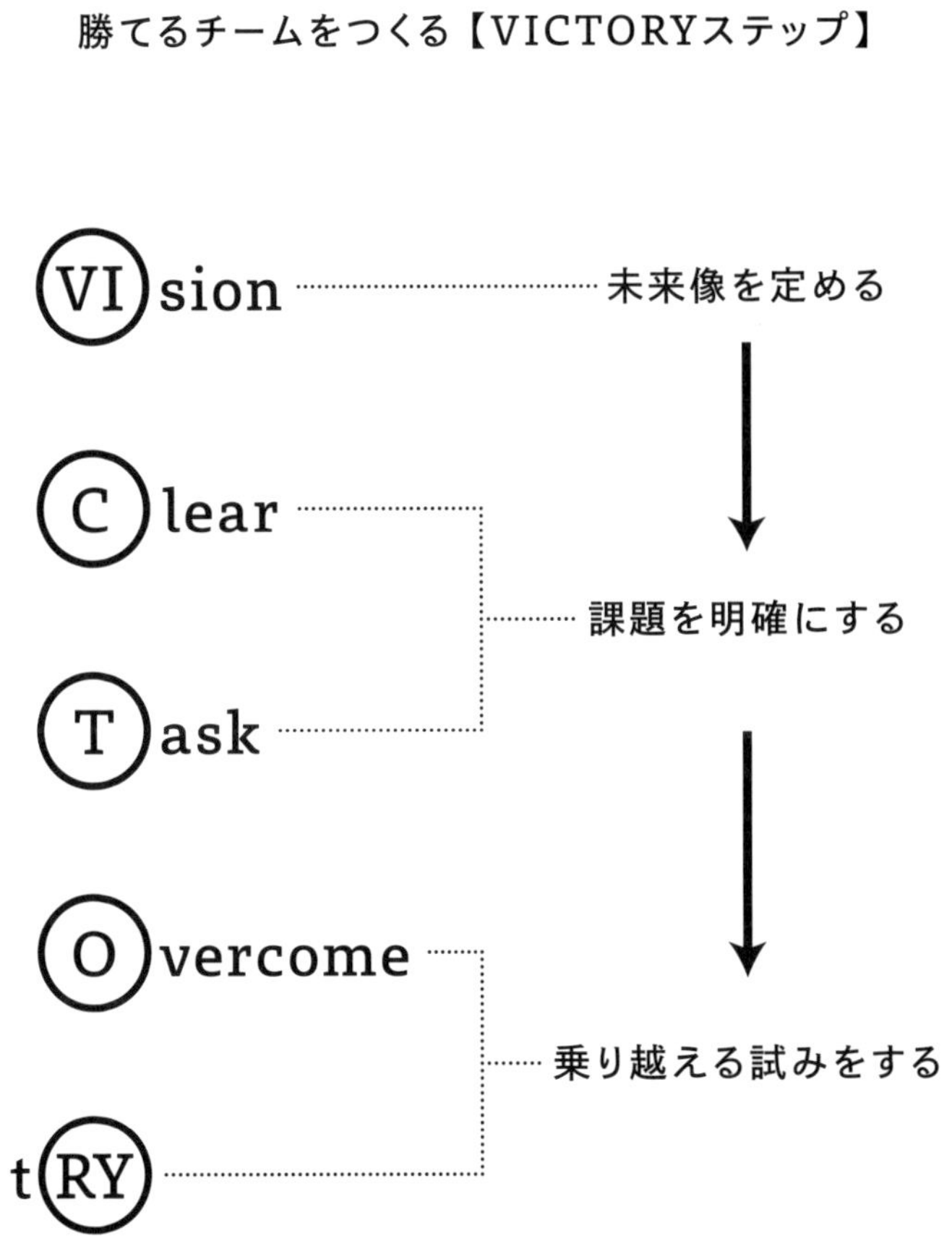

ければ、「当たり前のことをやっていなかった」「当たり前のことでもここまで突き詰めてやるのか」と当社の多くの顧客からも言っていただいている内容になっています。

組織としての「勝ちグセ」をつける

ＶＩＣＴＯＲＹステップをやり抜き、マネジメントチームがワンチーム化していく過程で、組織としての「勝ちグセ」をつけていきます。勝ちグセをつけた組織は、企業成長において停滞する可能性が低くなり、また企業成長に停滞が起きたとしても、すぐにその停滞から脱却できるような組織になることができます。

逆に「負けグセ」がついた組織ほど、企業成長における停滞から抜け出せずに苦しみ続けている会社が多いです。毎年、会社全体の目標や従業員個々の目標が達成できない組織、達成できなくとも従業員に悔しさや悲壮感などは感じられず、経営やマネジメントもそれを許している状態です。

そのような組織のままでは、企業成長における「壁」を超えられない、つまり売上停滞から抜け出せなくなります。ＶＩＣＴＯＲＹステップにより勝ちグセをつけることで、企業成長に壁をつくらない、また壁にぶつかったとしてもその壁を超えられるような会社になることが重要です。

第３章以降では、その「ＶＩＣＴＯＲＹステップ」１つ１つの考え方やプロセス、手法について詳細をお伝えしていきます。

第

3

章

ワンチーム会社
への
VICTORY
ステップ①

1　VICTORYステップ①VISION

同じ未来像を目指すこと

「社長のワンマンチーム会社」から「ワンチーム会社」へと変貌を遂げるためのVICTORYステップの最初のステップはVISION（未来像を定める）です。

会社を「1つのチーム」として捉えたとき、当然ながらそのチームがなりたい未来像を定める必要があります。まずはマネジメントチームのメンバー全員が共通認識で同じ未来像を目指す、という状態をつくることがワンチーム会社になるための前提であり、最初のステップです。

チームの目的・目標は何か

当社ではこのVISION、つまり未来像をわかりやすく「目的」と「目標」という言葉に置き換えています。この目的と目標に関して、本書では次のように定義します。

◎目的……最終的に実現したい姿・成し遂げたいこと・目指すべき到達点

◎目標……目的を達成するために、実現したい姿・成し遂げたいこと・目指すべき到達点

ビジネス視点で言葉を言い換えると、目標は「いつまでに・何を・どれくらい」達成するのかを

「数値」で表す指標。そして目的は、その目標を達成することで、最終的に会社として実現したい「思い」です。

つまり、目標を達成することによって、企業としてあるべき目的に近づく、または目的が成し遂げられる、という位置関係です。

また、更に目的・目標を企業活動という視点でわかりやすくイメージしていただくと、次の言葉と同義と捉えていただいてもよいかもしれません。

◎目的……企業理念
◎目標……数値計画

ラグビー日本代表の目的と目標

ワンチームという言葉が一気に普及したのは、ラグビーワールドカップ２０１９での日本代表の大活躍がきっかけです。

そのラグビー日本代表は、ワールドカップ２０１９において、次のように目的と目標を定めました。

◎目的……「日本の１億２０００万人に影響を与える」
「仲間の信頼や家族の期待に応える」

「日本も外国人と一緒に仕事をしなければいけない時期が来る。スポーツでそれができているところを見せる」

「小さい日本がでかい相手にタックルする勇気を見て欲しい」

◎目標……「ベスト8」

※「ラグビー人生かけて何か残す」　桜の戦士8強へ挑む　日本経済新聞　2019/9/19より抜粋。

ご存知の方も多いように、結果的にラグビー日本代表は「ベスト8」という「目標」を達成し、また、その活躍により人々に与えた影響は「目的」を果たせたと言えるでしょう。

理念やビジョンを理解・浸透できているか

貴社では従業員にどれくらい理念・ビジョンを理解、浸透できているでしょうか。従業員50名以下の中小企業に勤めている会社員1019名に企業理念・ビジョンの浸透に関する調査をエニワン株式会社が実施したところ（図表9）、「従業員に理念を浸透させる必要があるか？」という問いに約70％がYESとしつつも、「企業理念・ビジョンを理解しているか」の問いにはNOが60％という結果が出ています。

「大事なことだと理解しているが、できていない」という状況は、従業員のみならず多くの経営者も感じていることではないでしょうか。

【図表9　企業理念・ビジョンの浸透に関するアンケート】

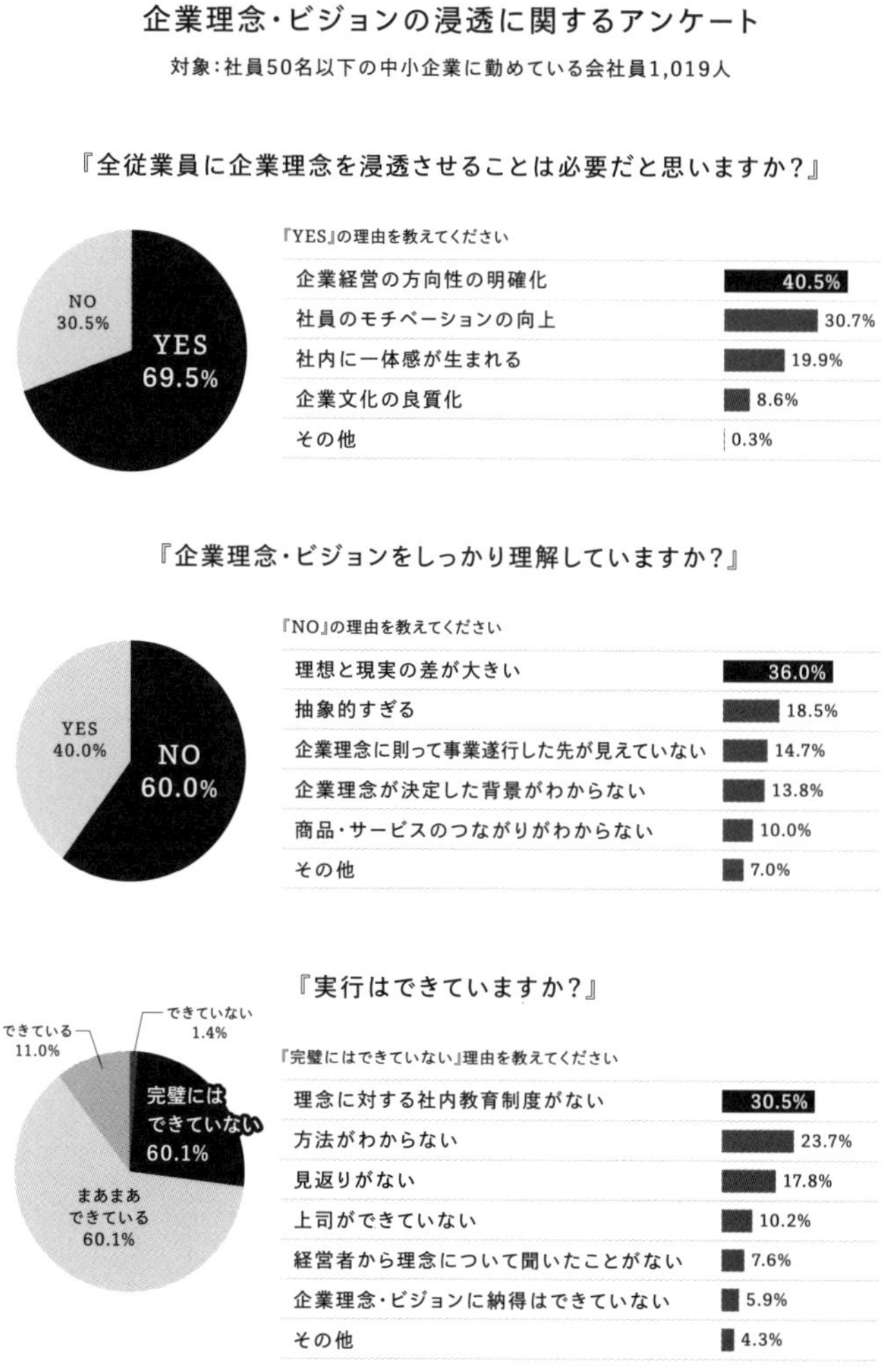
企業理念・ビジョンの浸透に関するアンケート
対象：社員50名以下の中小企業に勤めている会社員1,019人
『全従業員に企業理念を浸透させることは必要だと思いますか？』
NO 30.5%
YES 69.5%
『YES』の理由を教えてください
企業経営の方向性の明確化 40.5%
社員のモチベーションの向上 30.7%
社内に一体感が生まれる 19.9%
企業文化の良質化 8.6%
その他 0.3%
『企業理念・ビジョンをしっかり理解していますか？』
YES 40.0%
NO 60.0%
『NO』の理由を教えてください
理想と現実の差が大きい 36.0%
抽象的すぎる 18.5%
企業理念に則って事業遂行した先が見えていない 14.7%
企業理念が決定した背景がわからない 13.8%
商品・サービスのつながりがわからない 10.0%
その他 7.0%
『実行はできていますか？』
できている 11.0%
できていない 1.4%
完璧にはできていない 60.1%
まあまあできている 60.1%
『完璧にはできていない』理由を教えてください
理念に対する社内教育制度がない 30.5%
方法がわからない 23.7%
見返りがない 17.8%
上司ができていない 10.2%
経営者から理念について聞いたことがない 7.6%
企業理念・ビジョンに納得はできていない 5.9%
その他 4.3%

出典：エニワン株式会社

また、エン・ジャパンの「職場環境について」の調査においても「現在の職場はあなたにとって働きやすい職場と言えるか」の問いに半数以上が「そうは言えない」という回答をしています。その理由として、最も多いのが「会社のビジョンが明確でない」という理由でした（図表10）。

会社のビジョンが明確になっていない、つまり目指すべきものが不透明な会社は、規模の大きい会社、仕組みが整っている会社、体制ができあがっている会社のように、どれだけ「機能面」を働きやすい環境に整えていたとしても、従業員にとっては「何を軸に、何に向かって働くべきか」が明確になっていないため「働きにくい」職場になるのでしょう。

従業員が見えているのは「ビジョン」か、「社長の後ろ姿」か

社長のワンマンチーム会社の場合、全従業員が同じ方向を向いているかというと、そうではない会社のほうが圧倒的に多いです。それどころか全従業員が同じ方向を「向いているか」以前に、「見えているか」すらも怪しい会社も多くあります。

社長のワンマンチーム会社の従業員が見えているのは、多くの場合、ビジョンではなく「社長の後ろ姿」です。圧倒的なリーダーシップで引っ張り、従業員の遥か前を走っているのに「ついていくのが精一杯」という状態になっているのは珍しくありません（図表11）。

このような組織状態の場合、従業員は会社が目指すべき方向がそもそも見えていません。そして

【図表10　職場関係についてのアンケート】

エン・ジャパン ミドルの転職ユーザーアンケート「職場環境について」

『現在（または直前）の職場は、あなたにとって働きやすい職場といえますか？』

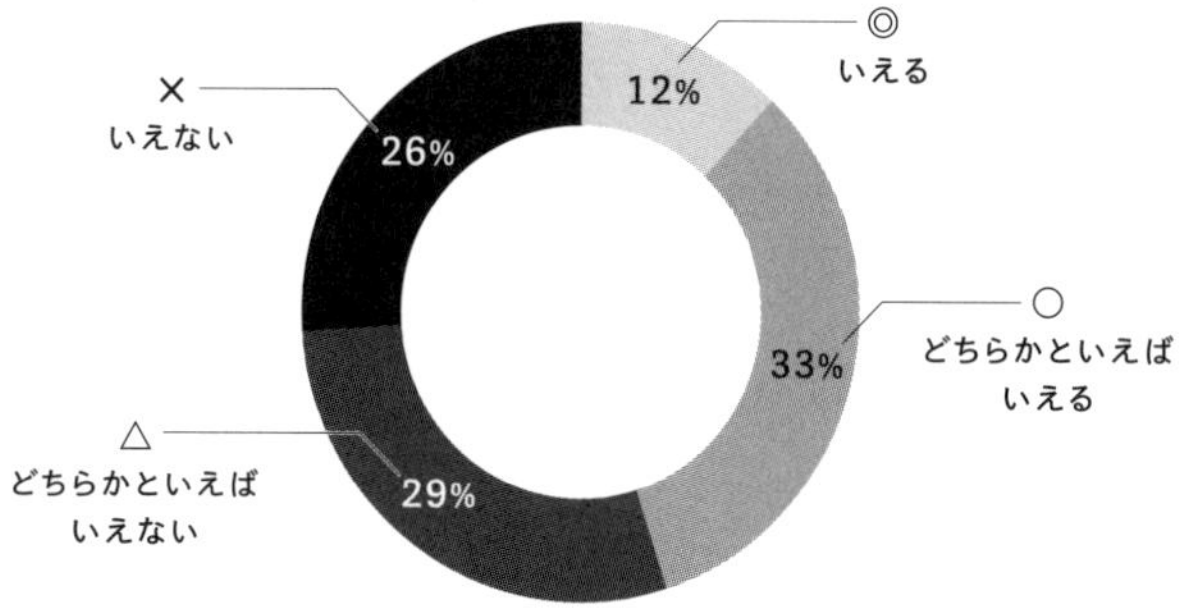

「どちらかといえばいえない」「いえない」とお答えの方にお伺いします
『その理由は次のどれですか？（3つの選択肢）』

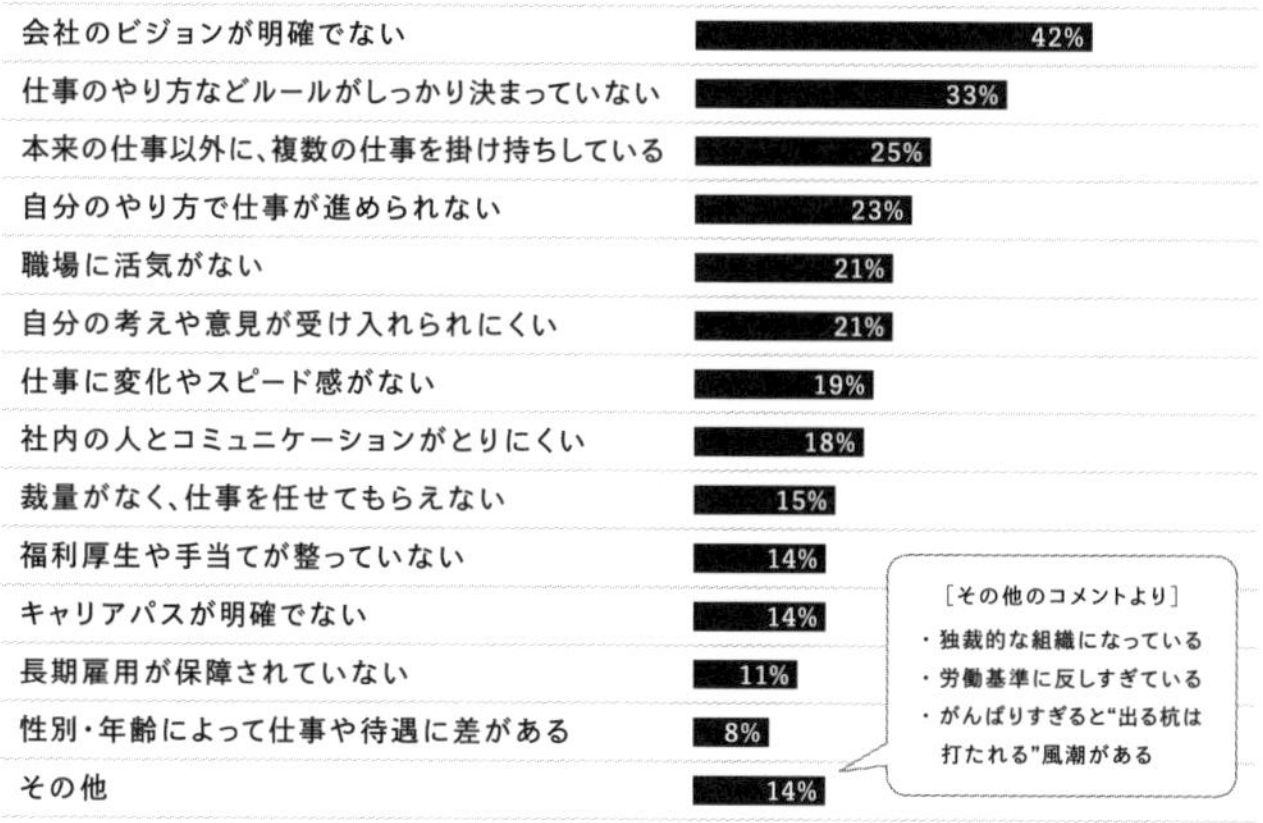

出典：エン・ジャパン

【図表11　従業員が見えるのは「社長の後ろ姿」】

社長が会社のビジョンが見えていても
従業員は社長の後ろ姿しか見えない
社長
会社のビジョン
従業員

それは当然、同じ方向を向いていないことを意味します。

どれだけ声を張り上げても、先が見えなければ空虚に響くだけ

ゴールや目的地などが見えない状況の中で走り続けることは不安でしかありません。

それが結果的に従業員の心理的恐怖やモチベーションの低下につながり、ワンチームどころか売上の停滞や従業員の離職増という結果を引き起こしてしまいます。

そのような状況に陥らないために、まずは「目指すべき方向が見えていて、そしてその方向に向かっている」という共通認識が必要です。

企業経営を登山に例えることも珍しくありません。

例えば登山をしていて、曇天で頂上が全く見えない中、リーダーが「もう少しだ、頑張ろう！」と声を張り上げても、その声はメンバーの中で空虚に響き、士気は上がるどころ

か疲労だけが蓄積されていき、不安が膨らみ、最終的には登り続けることを辞める人が出てきます。

しかし、状況が変わり、空に雲がなくなり、頂上が姿を現したらどうでしょう。頂上が見えたタイミングで「あれが頂上だ！　あと少し、頑張ろう！」と声を張り上げれば、メンバーの士気は一気に上がり、不安はなくなり、登ろうとする力が漲り、登頂することができます。

これは企業活動、組織推進としても全く同じことが言えるのではないでしょうか。

目指すべきものが明確に存在し、そして認識され、「目指したい」「目指せそうだ」と従業員が思える状態をつくることがワンチーム会社としての大前提と言えます。

社長が組織を引っ張るのではなく、ビジョンが組織を引っ張る会社に

社長のワンマンチーム会社のわかりやすい特徴の1つとして「社長が組織を引っ張っている」状態であることが挙げられます。

それ自体の「あり方」としてはよいと思いますが、その状態が原因で売上停滞を招いている会社や、ワンチーム会社を目指す会社になるのであれば、社長が組織を引っ張るのではなく、ビジョンが組織を引っ張る会社になる必要があります（図表12）。

社長が組織を引っ張っている状態では、従業員が「社長を見ながら」仕事をしている状態になりがちです。この状態では社長の言っていることや考えていることを、従業員それぞれがそれぞれの

解釈で行動に移します。「会社のビジョン達成のための行動」というよりは「社長の意に沿うかどうか」という行動になるため、ビジョンに向かって一丸となっている組織とは言えません。

そうではなく、あくまで「会社のビジョン達成のため」という共通の認識・解釈をもとに、従業員が行動する、「ビジョンが組織を引っ張る会社」になる必要があると言えるでしょう。

ビジョンと利益の相関関係

一般的にビジョンを掲げている会社は多いですが、ビジョンがない会社も同じくらい多いとされています。特に中小企業の場合、会社規模が小さければ小さいほど、ビジョンがない会社が多いのではないでしょうか。

「会社としてのビジョンより、まずは売上」という社長もいるでしょう。しかし、ビジョンがある会社とない会社では、大きな違いがあるという調査結果があります。

ＴＫＣグループが2万社を調査したところ、「ビジョンがある会社はビジョンがない会社に比べ、経常利益が1・76倍」という結果が出たそうです。

ビジョンは会社の目指すべき方向性であるため、その方向性が示されているかいないかの差が、経常利益でこれだけの差を生んでいます。それだけビジョンを掲げるということは、会社にとって重要なことだと言えるでしょう。

【図表12　ワンチームを目指すために構造を変える】

社長が組織を引っ張る構造から、
ビジョンが組織を引っ張る構造へ

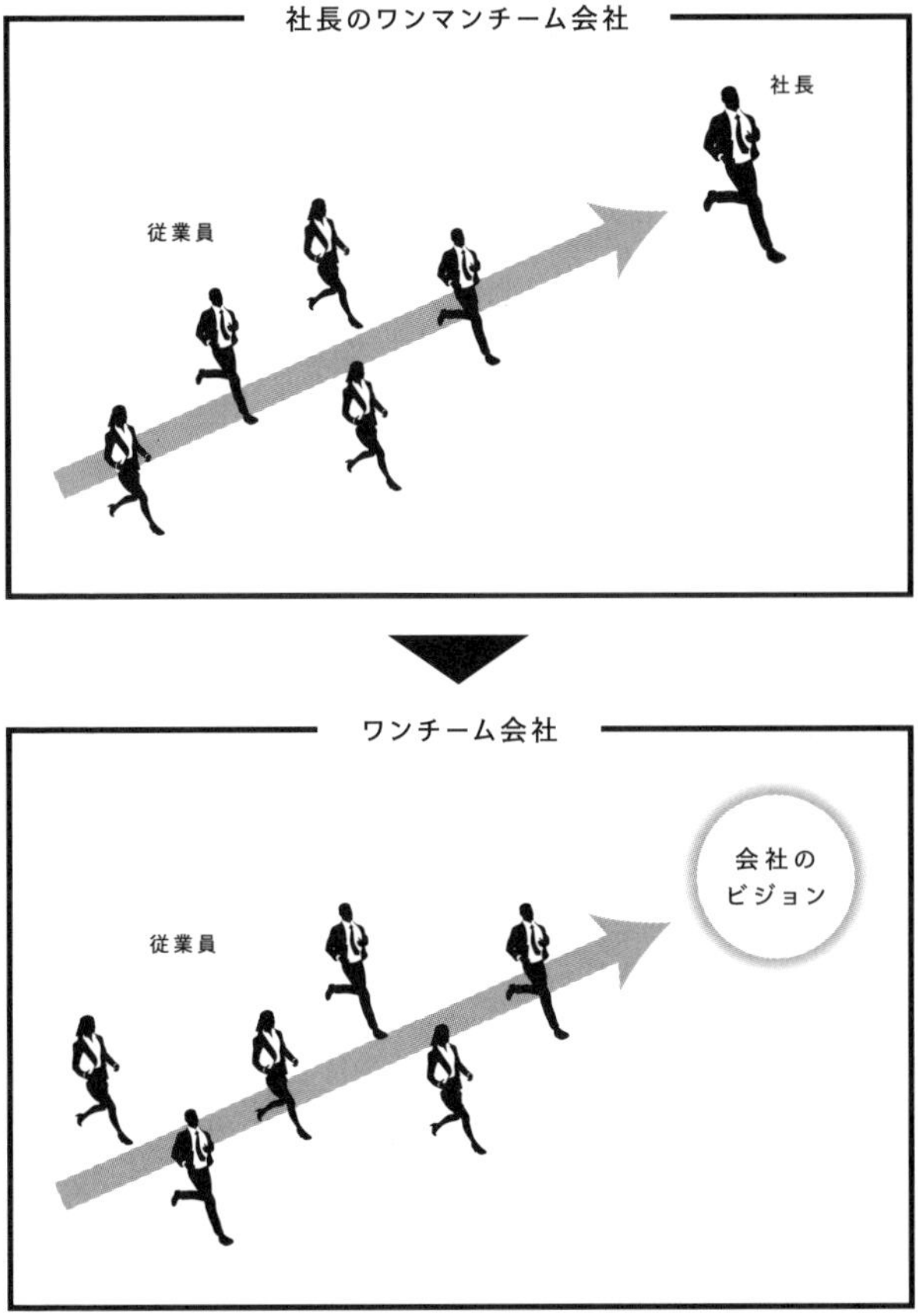

エンゲージメントの高い従業員ほど経営方針を重視

2020年の6月に日本経済新聞社が全国の正社員に対して、「自社のトップに語ってほしいこと」を調査した結果、1位が「今後の経営方針」でした。そして今後の経営方針を語ってほしいと思っている従業員ほど、仕事への取組みに積極的で勤務先に愛着を持っていることがわかりました（図表13）。

調査した2020年6月はまさにコロナ禍で、経済情勢が混沌としている時期です。そういった時期にこそ経営が今後の方針について明確にし、そして従業員に伝える必要性がある。まさにそんなメッセージが込められた調査結果ではないでしょうか。

経営方針を知りたい従業員は非常に多い

図表12のデータにも表れているように、経営方針を知りたい従業員は非常に多いです。当社の場合、プロジェクトを開始する顧客に対して最初に行うことが「従業員ヒアリング」で、人数の程度の差こそあれ、基本的には従業員の方々と1対1で面談をさせていただきます。

面談の目的の1つは「経営から見た会社」と「従業員から見た会社」の目線にどの程度ギャップがあるかを把握するためです。

基本的にプロジェクトを進める際は、経営者と打ち合わせをさせていただき、その中で経営者が抱えている課題をお聞きしていき、その課題に対して最も効果的なプロジェクトをご提案するので

【図表 13　従業員は経営方針を重視する結果のアンケート】

1000人が自由回答で語った
自社の経営トップに語ってほしいことTOP3

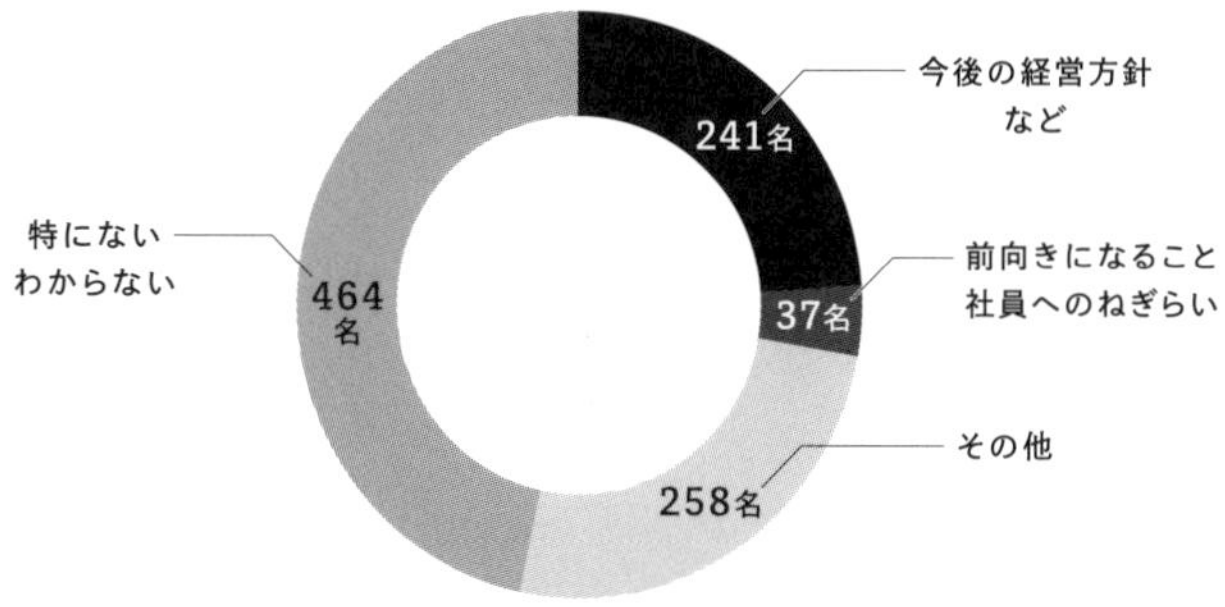

2020年6月　日本経済新聞社　クロスメディアユニット調べ　自由回答の内容を上記のように分類した

経営トップに今後のことを語ってほしいと思っている従業員は
仕事への取り組みにも積極的で、勤務先に愛着を持っている

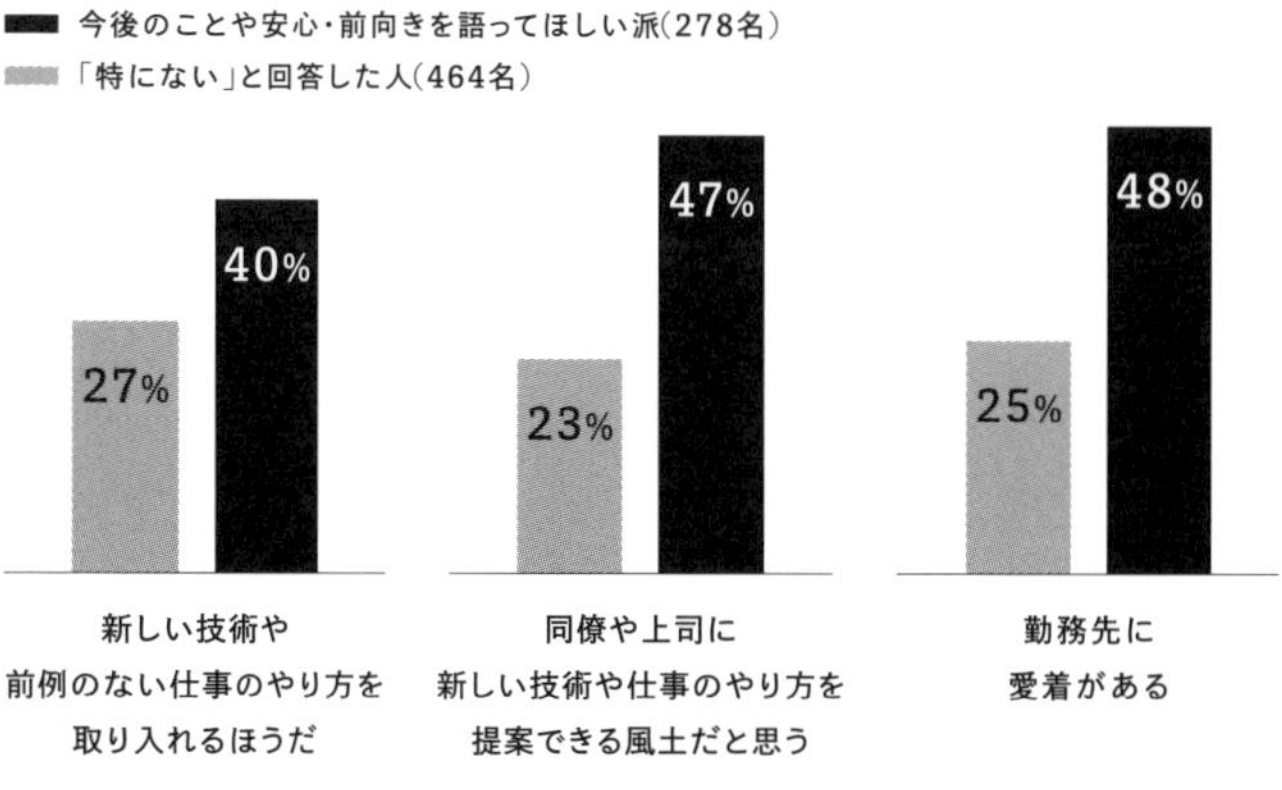

日本経済新聞社　クロスメディアユニット調べ
対象：インターネット調査会社のモニターに登録している全国の正社員の人、調査時期：2020年6月

すが、その情報はあくまで「経営から見た会社」のみの情報です。

もちろん会社のトップである経営者が感じている課題であるため、感じている課題の精度は間違いなく高いのですが、プロジェクトを確実に成功させるためには、実際に成功の鍵を握るマネジメントメンバーを中心とした従業員1人ひとりの「従業員から見た会社」の情報とすり合わせることが必須だと考えています。

そのような従業員ヒアリングを行うと、「社長が会社をどうしていきたいのかが分からない」「数字目標は発表されているが、なぜそれを達成するのか意図が不明」など、経営方針が不明で不安を覚えている従業員の意見が驚くほど多いです。「言っていても伝わっていない」というのも含まれていますが、経営方針を知りたい従業員は非常に多いのです。

2　目標の定め方

「売上」ではなく「営業利益」を目標にする

まずは目標の定め方ですが、「期限」「指標」「数値」という3つの軸で考えていきます。つまり「いつまでに、何を、どれくらい」達成するのか、という数値目標です。

わかりやすい例で言えば「来期の売上目標」でしょう。

例えば決算期が３月の会社の場合の目標例は、「２０２２年の３月までに、売上30億円を達成する」というシンプルな形です。

このようにわかりやすく「売上」という数値目標を立てても悪くありませんが、社長のワンマンチーム会社からワンチーム会社へ変わっていくためには、営業利益での数値化をおすすめします。

なぜなら、売上目標の場合、その達成の責任と役割が「営業部」に偏ってしまう傾向が強いからです。ワンチーム会社は文字通り全社員が一丸となることであるため、売上に直接貢献しにくい部署の従業員にも責任や役割が与えられる必要があります。

そのため、売上以外にも非生産部門でも関与できる「原価」や「販売管理費」「ビジネスリスク」なども含めた結果の「営業利益」で指標化することをおすすめします。

また、数値に関しては「金」の表現だけでなくとも、他の経営資源とされる「人」や「物」で指標化する会社もあります。

例えば、人であれば「〇年後にどれぐらいの従業員数になっているか」のような指標で、物であれば「〇年後に自社商品が〇人（社）に提供できているか」という指標です。

この辺りはもう片方の「目的」とも関連しますが、自社の従業員のタイプや、風土、しっくりきそうな表現、など様々な観点で「どの指標が最適か」を考えていく必要があります。

目標はシンプルに

どなたでも経験があると思いますが、「あれもこれも」と目標が複数ある、また多ければ多いほどそれぞれの達成度合いが落ちるため、「目標はなるべくシンプルにしましょう」と顧客にお伝えしています。シンプルな目標のほうが、従業員のやるべきことが絞られ、明確になり、集中できるため大きな成果を得ることができるからです。

「目標をシンプルにして圧倒的な成果を出す」という事例でわかりやすいのは、サッカーJリーグの川崎フロンターレというチームです。

2017年に鬼木監督が就任すると、その年にJ1初優勝を飾り、以降常勝チームとなりました。2020シーズンも圧倒的強さで優勝した川崎フロンターレでは、鬼木監督が「勝利の3原則」をチームとして掲げています。

その3原則は次の3つです。

①1試合3得点
②NOスタメン固定
③交代枠を使い切る

この3原則の中でも、特に①「1試合3得点」はチームに革命をもたらしたと言われています。「今日も3得点とる！」を常に合言葉に試合するので、選手としてもわかりやすく、やるべきことが明確にです。誤解を恐れずに言えば「3得点とれば負けても目標は達成」というようなメッセージとして捉えてもいいのではないでしょうか。

この1試合3得点という原則は、鬼木監督の「魅力あるサッカーをして、それでも勝つこと」というサッカー哲学からきているそうです。通常両立が難しいその2つの哲学を叶えるために、ファンから魅力あるサッカーだと思われる視点として、「3点以上の点をとっている試合」がそれに該当し、かつ「3点とると試合に勝利する確率が過去の統計から高い」というデータから「魅力と勝利」どちらも両立できる、その原則が生まれたとされています。

また、鬼木監督はテレビ番組のインタビューで「勝つことと魅了できることは自分の中で一緒だと思っていて、魅了できないと勝ちに繋がっていかない。そういう思いで戦っています。その思いは選手たちとも共有できている」と答えています。

目的・目標を選手と共有できている状態が、いかに大事かを改めて感じさせてくれる言葉でした。

原則の「②スタメンを固定しない」と「③交代枠を使い切る」も選手にとってはよい緊張感と士気の上がるメッセージです。スタメンを固定しないのであれば、控えの選手でも「自分にもチャンスが巡ってくる」と日々の練習において、常にモチベーション高くいられるでしょう。主力メンバーも気を抜くことはできません。

また、交代枠を使い切ることを明言してくれているのであれば、主力は交代させられないよう、試合に対して最大のパフォーマンスを発揮するでしょう。逆に交代できる安心があるからこそ前半から全力でプレイできます。ベンチメンバーは「自分にチャンスがくるかも」といつでも出れるよう準備を万全にし、よい緊張感をもって試合に臨めます。

この例を会社に置き換えても、チームとしての目的・目標がシンプルであるほど従業員のやるべきことが絞られ、明確になり、集中できるため、大きな成果を得られるのではないでしょうか。

マネジメントチームとしての目標

この「目標」というものは、会社としての「数値計画」に当たるため、すでに期初に定め、全従業員に発表している会社も多いでしょう。その場合、その数値計画をそのままマネジメントチームとしての目標にしてもよいのですが、私は「全社に発表している数値計画とは別に、このマネジメントチームとしての目標をつくりましょう」と常に顧客にお伝えしています。

そして、その目標は全社に発表している目標数値よりも、チャレンジングな目標数値になる場合がほとんどです。

私は顧客のマネジメントチームのメンバーに目標を定めてもらう際、いくつか質問をするのですが、その1つとして「このマネジメントチーム全員が本気を出したら、今ある今期の数値計画よりどれぐらい上にいくことが可能ですか？」という質問をします。

マネジメントチームに質問を投げかけると、化学反応が起こります。そういった質問の連続の結果、マネジメントチームの目標はチャレンジングな目標ができあがります。

与えられた目標と自分で決めた目標

チャレンジングな目標と聞くと、「難易度が高く難しい」「無謀過ぎてやる気がなくなる」「怖気つく」というネガティブな印象を従業員に与えがちですが、それは「与えられた目標」の場合です。目標をつくる過程は非常に大事で、与えられたものではなく自分で決めた目標でなければいけません。そのために質問を繰り返すことで、マネジメントチームのメンバーそれぞれに答えを出してもらい、自分で目標を決めてもらいます。

与えられたチャレンジングな目標はネガティブに捉え、目標達成に向けた行動に拍車がかかりません。しかし、自分で決めたチャレンジングな目標はポジティブに捉えるため、目標達成に向けて能動的に行動します。

チャレンジングな目標はつくるプロセスにも意味があるのです。

【顧客事例】チャレンジングな目標が生み出すインパクト

マネジメントチームのチャレンジングな目標が、会社に対してどのようなインパクトを与えるか、ここでは当社の顧客の事例でお伝えしていきます。

群馬県にある製造業S社は当社にご相談にこられる前の5年間、売上9〜11億円の間を「行ったり来たり」していました。S社の代表、K社長からお話を伺うと、S社は典型的な社長のワンマンチーム会社であり、その組織構造が原因で売上が停滞している会社だったのです。

そのS社でマネジメントチームを構成し、まずはマネジメントチームの目標を定めることになりました。プロジェクトのスタートは5月でしたが、3月決算のS社はすでに期初である4月にK社長が全社に対して今期の目標数値を発表していた状態でした。その目標数値は売上12億円、営業利益6000万円。前期の売上が10億円だったため、昨対120%アップという考え方です。

私がマネジメントチームに対して1つ、2つと目標を決める際の質問をすると、最初に出てくる目標は4月に発表している数値とほとんど変わらない目標が出てきました。しかし、質問を続けるうちに「ウチはもっとやれるんじゃないか」という空気感が醸成され、最終的にマネジメントチームの目標は売上15億円、営業利益1億円、という数値に決定しました。

そしてプロジェクトから1年、S社はその期、売上13億6700万円、営業利益5900万円、という結果になりました。マネジメントチームの売上・利益目標には及びませんでしたが、全社目標に対しては大幅に目標を超えてクリアした結果になったのです。

何が起こったかというと、「これぐらいできるのではないか」と自分で目標を決めたマネジメン

【図表14　S社の成功事例】

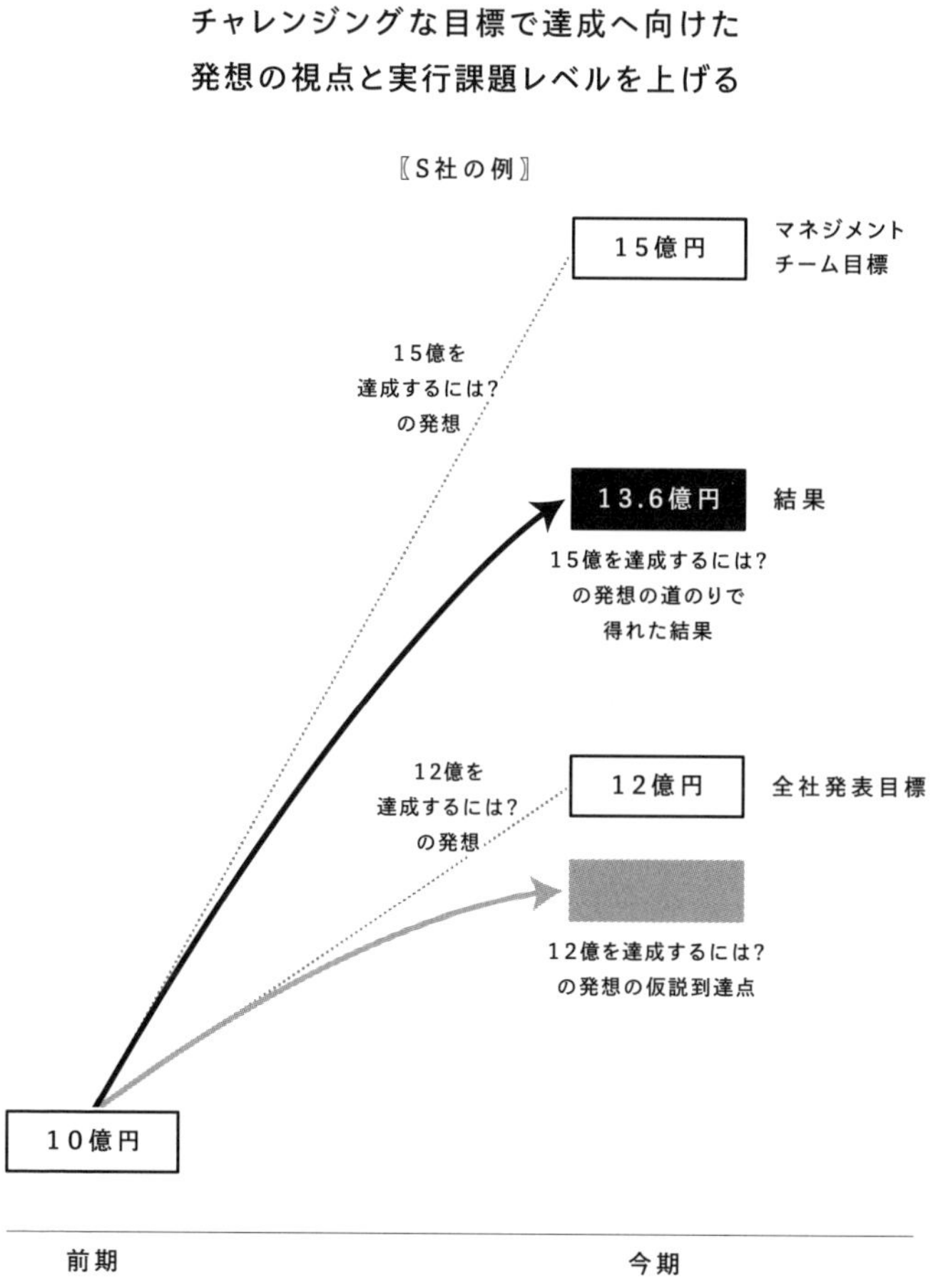
チャレンジングな目標で達成へ向けた
発想の視点と実行課題レベルを上げる
〖S社の例〗
15億円
マネジメント
チーム目標
15億を
達成するには?
の発想
13.6億円
結果
15億を達成するには?
の発想の道のりで
得れた結果
12億を
達成するには?
の発想
12億円
全社発表目標
12億を達成するには?
の発想の仮説到達点
10億円
前期
今期

トチームは、プロジェクトの1年間、常に「売上15億円を達成するためには?」「営業利益1億円を達成するためには?」という発想で課題と問題を洗い出し、解決策をクリアしてきました。

もし、これが全社発表目標の「売上12億円を達成するためには?」「営業利益6000万円を達成するためには?」という視点の発想でプロジェクトを進めていたら、「同じような結果は得れなかった」とK社長は言っていました。

「100%の達成を目指したら、100%の達成はできない」とよく言われますが、チャレンジングな目標であればあるほど、達成するための課題と問題のレベルが格段に上がります。それらの解決の連続が結果的に100%以上の結果を得ることができるのです(図表14)。

また、営業利益が5900万円という結果については、マネジメントチームの目標どころか、全社発表の目標も達成できていない数値となりましたが、K社長は満足していました。それはなぜかというと、売上15億円という目標をどう達成するかをマネジメントチームとして考えたときに、「人材と設備、社内環境に対して投資をしなければいけない」と決めたため、その期は大きく投資をしました。

その投資の経費計上の結果、その期の営業利益は目標未達になりましたが、翌期以降はその投資が更なる売上と利益のリターンになるのが見えていたため、何も問題はなかったのです。

それが証拠として、S社は翌期売上16億2,300万円、営業利益9100万円という実績を残しています。

3　目的の定め方

目的（理念）のつくり方

未来像のもう1つ「目的」の定め方ですが、この目的については「企業理念」や「経営理念」とほぼ同義です。目的をマネジメントチームのスローガンにする会社の場合、現状存在している自社の理念をそのまま目的として定めることがほとんどです。

そのため、目標よりは抽象的な成果指標になります。例えば「○○業界でナンバーワンになる」という企業理念の会社であれば「その業界でナンバーワンになるために」という発想の視点で目的達成を目指していくことになります。そういった目的・理念を達成するために、という視点は抽象的な表現であるため、時に壮大な発想を生むこともあります。目標という「数値」の視点だけでは得られないような結果を得れることも珍しくありません。

また会社によっては目的、つまり理念も会社の理念とは別にマネジメントチーム固有の目的をつくり、定めていく場合があります。

基本的に目的のつくり方は自由発想です。シンプルに「どのような会社になりたいか」をマネジ

【図表15　目的を向ける４つの視点】

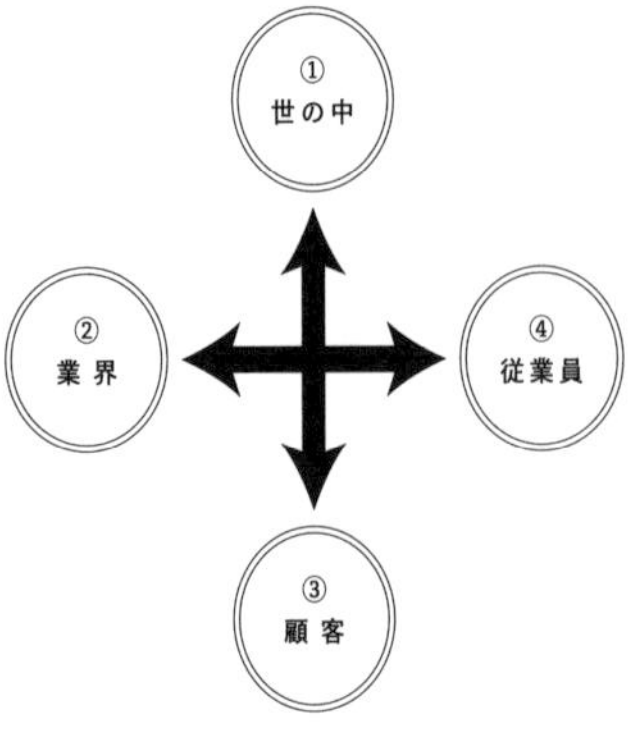

メントチームで言語化していきます。ただ、自由発想ではあるものの「思考の物差し」は必要なので「どこ向けの目的か」の軸を決める４つの物差しをお伝えしています（図表15）。

①世の中

世界、または日本にどのような影響を与えていきたいか、またはどのような存在でありたいか、という軸です。

例えばコカ・コーラには「世界中の人々のからだと心、そして精神をリフレッシュします」という経営理念があります。このように世界や日本など「広大な範囲」での軸が①世の中です。

②業界

自社がビジネスをしている業界に対してどのような影響を与えていきたいか、またはどのような存在でありたいか、という軸です。「○○業界でナンバーワンになる」などの表現もこれにあたります。

例えばインテルのビジョンの1つに「マイクロプロセッサー（超小型演算処理装置）の市場で首位の座をさらに強固にする」というものがあります。こういった軸が②業界です。

③顧客

自社の顧客に対してどのような影響を与えていきたいか、またはどのような存在でありたいか、という軸です。自社の商品サービスを提供する直接的な関係者であるため、考えやすい軸だと思います。

ＩＢＭの基本理念の1つである「お客様の成功に全力を尽くす」。ヒューレット・パッカードの「顧客に手頃な価格で質の高い製品を提供する」などの例が③顧客の軸の考え方です。

④従業員

自社の従業員がどのような集団であるか、どのようになっていきたいか、という軸です。

コカ・コーラの経営方針の1つに「働く人々が最高の力を発揮するようインスパイアされるすばらしい職場となる」という表現があります。このような軸が④従業員です。

このように思考の物差しとしては今挙げた4つが中心です。もちろんそれ以外の視点で「どのような会社を目指しているか」「どのような存在になるのか」を自由発想で考えていきます。

この目的を考える上で大事なのは、小難しい用語やかっこいいワードを並べることではなく、マネジメントチームが「こういう会社になりたい」と思える言葉になっていることが大前提です。ひいては顧客や取引先、世間が「こういう会社を目指しているのか」と理解できるような表現が望ましいと言えます。

40年以上連続黒字経営のサウスウエスト航空は「従業員第一・顧客第二」

サウスウエスト航空は、米国テキサス州を本拠とする、短距離路線に特化したユニークな低価格航空会社（LCC）です。このサウスウエスト航空は、「顧客第二主義・従業員の満足第一主義」というポリシーで「いちばん大切なのは従業員。あなたが従業員に接する態度は、そのまま従業員が顧客に接する態度になる」という独特な考え方の企業です。

この考えはサウスウエスト航空が顧客のことを劣後して考えているという意味ではなく、従業員満足を第一に考え、よい人材を集め、彼らのモチベーションを高めることが、結局は顧客満足につながるという企業経営の本質から導き出されたものです。

実際にサウスウエスト航空では、顧客に満足してもらうための行動はすべて従業員に任せています。顧客に楽しんでいただくため、個性的な機内アナウンスなど数々のサービスがすべて従業員発信で生まれ、その結果、顧客満足度においては航空業界では常にナンバーワン争いであり、全業種においてもその地位を確立しています。

また顧客満足度に比例した形で売上も上がり続け、１９７３年以来40年以上連続で黒字経営を続けています。

理念と経営判断に矛盾がない組織

私は中小企業である顧客の従業員の方々と面談する機会が多いのですが、その中でも「会社として言っていることとやっていることが違う」という不満をよく聞きます。これは会社が掲げている理念と、戦略や組織運営をする上での経営判断に齟齬が生じている、という指摘です。

理念と経営判断に矛盾があってはいけません。逆に矛盾がなければ、組織として強力なチームになることができます。

サウスウエスト航空は「従業員第一」というポリシーを、経営判断で貫いています。例えば、「顧客に満足してもらうための行動はすべて従業員に任せている」とありますが、もし従業員の判断で挑戦したことが、失敗に終わり、会社に大きな損失を生んだとしても、その従業員に対して解雇・降格などは行われません。会社としてその従業員の信頼を回復することを優先してバックアップしています。

また「40年以上黒字」という期間には、アメリカで起きた同時多発テロ事件の年も含まれており、赤字を出さなかった唯一の航空会社でした。その年は多くの企業が大量の人員削減を行う中、サウスウエスト航空は一切解雇を行いませんでした。黒字だとしても経営難であることには変わらない中、「解雇を行わない」という会社の誠意に応え、従業員たちが自ら減俸を申し出たというエピソードがあります。

こういった理念と経営判断の両立により、サウスウエスト航空は離職率5％を切っています。アメリカ企業では珍しい従業員エンゲージメントの高い会社です。

ここでは、すべての企業が「従業員第一」を理念に、と言いたいのではありません。どういった理念であっても、「理念と経営判断がブレない」つまり「言っていることとやっていることが同じ」会社が強いチームであり、ワンチーム会社になれるのではないかということです。

目的と目標は、片方でも両方でも

「社長のワンマンチーム会社」から「ワンチーム会社」へと変貌を遂げるためのＶＩＣＴＯＲＹステップの最初のステップ、ＶＩＳＩＯＮ（未来像を定める）は、マネジメントチームとしての「目的」・「目標」を定めることです。もっとも、実際に運営していく中では、目的と目標それぞれを定めてもよいですし、目的だけ、目標だけ、と片方のみでもよいです。

現在の自社の組織としての優先順位や、ビジネスモデル、組織風土などから、両方定めたほうが効果的か、片方のみ定めたほうが効果的か、その場合は目標と目的、どちらが自社にとって効果的なのかを判断して定めていきます。

会社の方針を年に何回言っているか

貴社では会社の方針を従業員に対して年に何回発信しているでしょうか？年商10億円規模の会社の社長に尋ねると、多くの場合「期初の１回だけ」や「半期に１回確認するから年２回」という答えがほとんどです。会社として従業員が一丸となるにあたって、まずは会社の方針を全従業員が少なくとも「理解」している必要があります。

理解は「わかる」。そしてその次のステップが「浸透」、そして「できる」になります。

こういった過程を歩むために、会社の方針はなるべく多く、頻度高く従業員に発信していきましょう。期初に１回や半期毎の頻度では、方針自体の理解、つまり「わかる」という状態はつくりにくいです。

当社に「ウチの会社の従業員と面談してほしい」と、ご相談に来られる社長の会社へ伺い、実際に従業員の方々と面談することがよくあるのですが、私の「貴社の今年もしくは今後の方針を言ってください」という質問に正確に答えられる従業員は残念ながら20％程度という肌感覚です。会社の方針を正しく理解していない従業員が多くいる状態では、短期的・瞬間的にはともかく、長期的に企業成長し続けるというのは難しいでしょう。

全従業員に対しても、そしてまず何よりもマネジメントチームの中で繰り返し目的・目標を発信し続けることで、ワンチーム会社の素地をつくる必要があります。

目的・目標を更に組織別スローガンに落とし込む

目的・目標を更に全社へと浸透させ、ワンチーム会社を目指していく過程においては、全社で定めた目的・目標、つまり理念やビジョンを、社内の組織別にスローガンをつくり、落とし込むことも有効です（図表16）。

目的や目標の浸透において、それを達成するために従業員1人ひとりが具体的な行動ができているかどうかが非常に重要です。つまり、従業員が具体的行動をとれるように、全社として定めた「大きく抽象的」な目的や目標を、部門や事業部ごとの機能に合わせた形で「小さく具体的」にスローガンとして定める必要があるのです。

例えば、スポーツであれば「勝利」という共通認識の目標があります。しかし、企業の場合は複数の成果指標があるため、すべての部門や事業部で目的や目標のあり方を統一することが難しい場合があるからです。

わかりやすい例では、全社目標として「今期は営業利益15％を目指す」と掲げた場合、営業部においては「売上や利益」を意識したスローガンになると思います。人事や総務などの間接部門においては、直接売上を上げる部門ではないため、営業利益を上げるための貢献分野として「コスト削減〇％」のようなスローガンを掲げて部門として推進していきます。

このような落とし込みをすることで、全従業員が自身の業務領域における目標達成のための具体

【図表16　経営理念、ビジョンをスローガンに落とし込む】

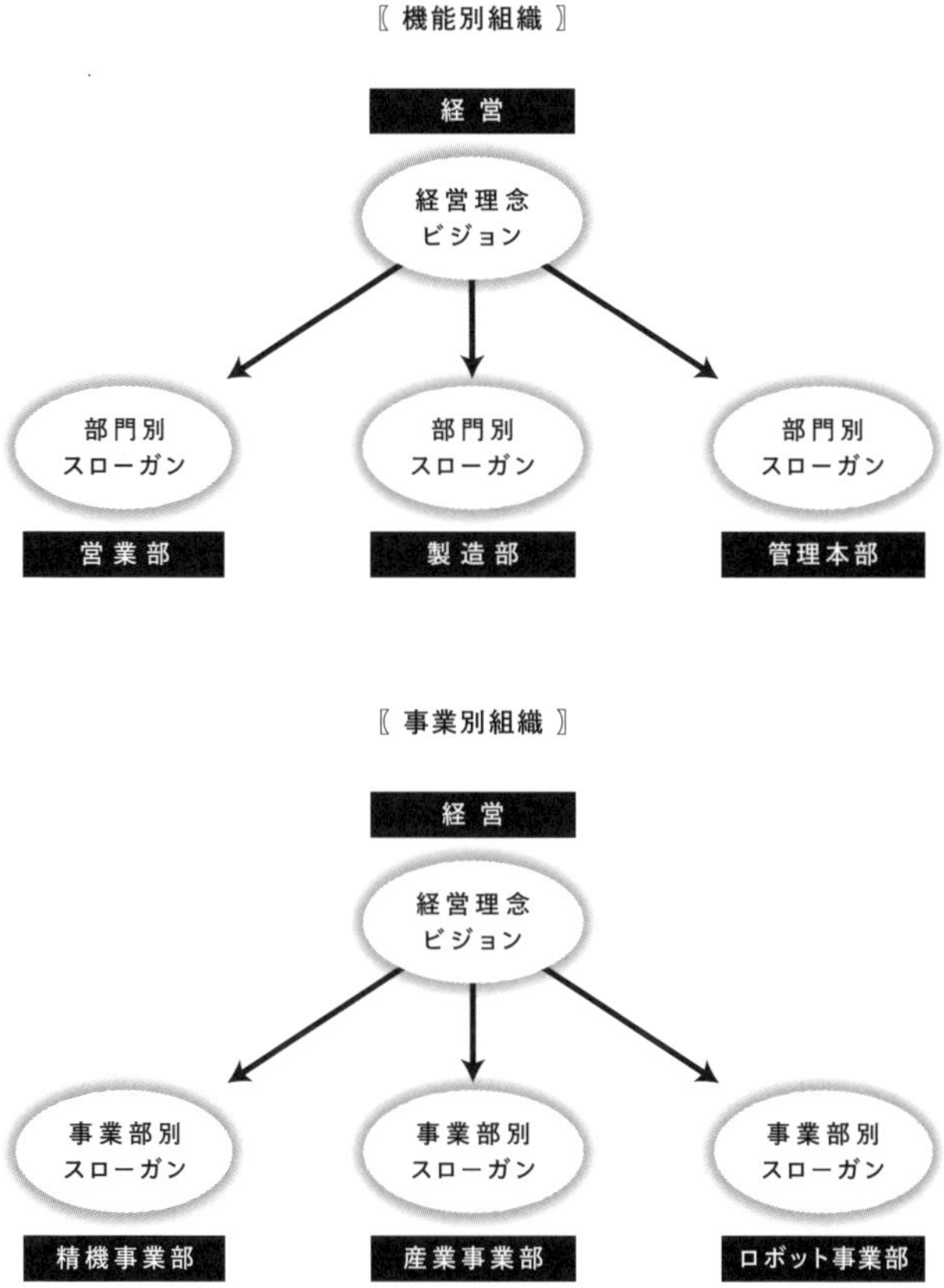

的行動を明確にすることができ、そして従業員それぞれの部門スローガン達成に向けた行動の集積が、最終的に全社の目標達成に繋がる、という構造をつくることができます。

ＶＩＣＴＯＲＹステップ①ＶＩＳＩＯＮ　まとめ

ここまで「社長のワンマンチーム会社」から「ワンチーム会社」へと変貌を遂げるためのＶＩＣＴＯＲＹステップの最初のステップであるＶＩＳＩＯＮ（未来像を定める）をお伝えしました。会社を「１つのチーム」として捉えたとき、そのチームがなりたい未来像を定める必要があります。多くの「社長のワンマンチーム会社」では、社長が「自分のみで考えて決めた未来像を社員に伝える」というプロセスをとっています。ですが、そのプロセスの場合、メンバーは「社長から与えられた未来像」という位置づけであるため、ワンチーム会社を目指す上での土台が脆いものになってしまいます。

そのようなプロセスではなく、できれば全従業員、なるべく多くの従業員が望ましいですが、少なくとも中小企業という組織に大きく影響を与える人材が揃った「マネジメントチーム」のメンバー全員で未来像を定める、というプロセスが重要です。

未来像を定める際、まずはマネジメントチームのメンバー全員が共通認識で同じ未来像を目指す状態をつくることがワンチーム会社になるための最初のステップです。

第4章

ワンチーム会社へのVICTORYステップ②

1　VICTORYステップ②CLEAR TASK

現在地と未来像の間にあるギャップを埋めるために

「社長のワンマンチーム会社」から「ワンチーム会社」へと変貌を遂げるためのVICTORYステップ。ステップ2はCLEAR TASK（課題を明確にする）です。

ステップ1でマネジメントチームの未来像である「目的・目標」が定まりました。ステップ2では、その目的・目標を達成するために遂行すべき課題を明確にしていきます。

会社としての現在地と未来像の間には「ギャップ」があります。そのギャップこそが遂行すべき課題であり、この課題を明確にしていきます。

課題と問題

このステップ2では、いわゆる「課題」を明確にしていきますが、同時に「問題」も明確にしていきます。

課題と問題の違いについては、様々な方々が様々な定義をしていますが、当社では課題と問題の違いを次のように定義しています（図表17）。

【図表17　課題と問題の定義】

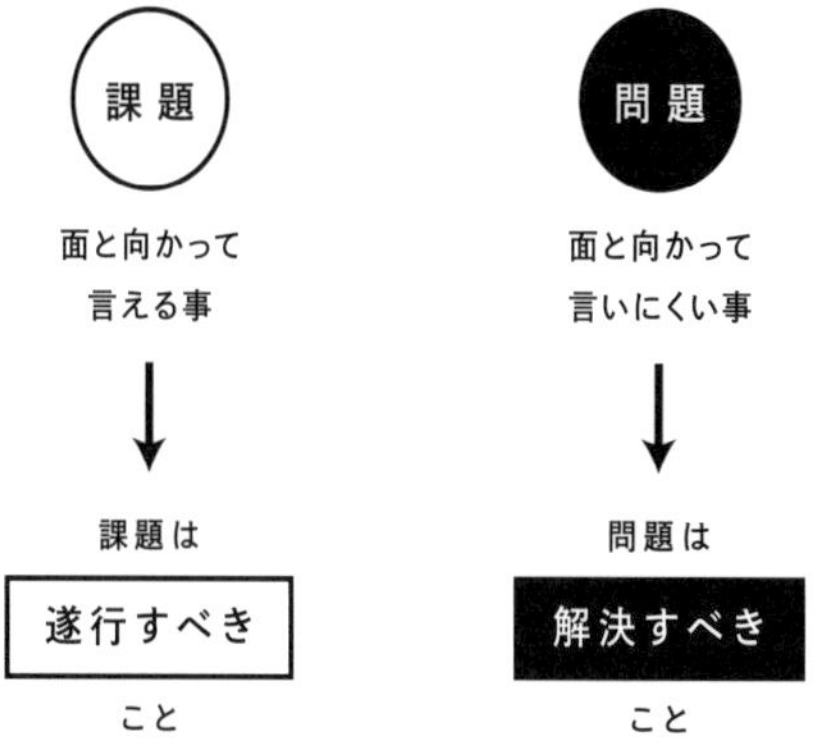

◎課題……上司及び同等役職者に対して、
「面と向かって言えること」
◎問題……上司及び同等役職者に対して、
「面と向かって言いにくいこと」

課題は、上司または同等役職者に対して「面と向かって言えること」を指します。従業員の多くが「明らかに自社にはこれが足りない」と普段から思っており、かつ言えるようなことです。

「社内に教育の仕組みがない」「よい人材が採用できない」「自社商品をもっとブラッシュアップする必要がある」のような上司にも面と向かって言えることが課題です。

逆に問題は上司や同等役職者に対して「面と向かって言いにくいこと」です。言いたくても言えないことを抱えている従業員は非常に多いのではないでしょうか。

しかしこの問題に対するアプローチもワンチーム会社になる上ではとても重要です。

課題と問題は具体的に表現する

課題と問題を明確にする上での基本は、その表現をなるべく具体的にすることです。抽象的な表現からは抽象的な解決策しか生まれず、それは抽象的な行動にも繋がってしまいます。

例えば中小企業の課題でよく挙がるのは「従業員の定着率が悪い」です。しかし、この課題の表現のまま解決策を考えた場合、「従業員の定着率を上げる」となり、抽象的になってしまいます。解決策が抽象的になると、具体的なアクションの発想も弱くなってしまいます。

そうではなく、例えば「当社の従業員の定着率が70％」という形で具体的に表現すると、解決策は「従業員の定着率95％にする」という具体性ある表現となります。「現状の従業員の定着率70％を95％に上げるためには？」という発想で考えると、解決へ向けた道筋と行動がより具体的になっていきます。

このように、まずは課題と問題を明確にする上では「なるべく表現を具体的にする」ということを念頭におきましょう。

課題のレベル感を上げる

まず課題においては「常日頃、従業員が思っている、言っていること」であるため、マネジメントチームの中でもスムーズに明確にすることができるでしょう。後述しますが、ブレインストーミングで課題を洗い出していきます。

課題において重要なことは、ステップ1で定めた目標・目的のチャレンジ性の高さによって、この課題に対する発想の視点、レベル感を上げていくことです。目標や目的のレベルが上がることにより「そのレベルの目標、目的を達成するための課題は？」という問いから、道なりの目標からは生まれない思考レベルを引き出していきます。

そのようにして明確になった課題に対して、「どの課題を遂行すれば会社に対するインパクトが高いか」という観点で優先順位をつけ、遂行すべき課題を整理していきます。

「今までの○○は○○でよかったが、これからは○○を○○する必要がある」

当社ではマネジメントチームの課題をチャレンジングなレベルに引き上げるために、問いを投げかけていきます。その中でも効果的な質問の1つに「『今までは○○でよかったが、これからは○○を○○する必要がある』を考えてください」というものがあります。

前半の○○には、全社発表ですでに明確化されている課題を入れたり、または現状の会社のあり方として最も課題を感じる部分の言葉を入れたりしていきます。前半の言葉を完成させたら、後半の○○の部分に入る言葉をマネジメントチームのメンバー全員が考えていきます。

文脈をビフォーアフターの形にしているからこそ、必ず変化を入れないといけなくなるため、否応なしに課題の思考レベルが上がっていきます。

例えば戦略レベルの場合であれば、「今までの売上を上げる役割は営業部門だけの役割でよかったが、これからは○○を○○する必要がある」という問いをつくり、マネジメントチームに投げかけます。

その他にも「今までのターゲット顧客は製薬業界だけでよかったが、これからは○○を○○する必要がある」や、さらに戦術レベルまで落とし込む「今までの1日の見込顧客への訪問数は10件でよかったが、これからは○○を○○する必要がある」という問いでも効果的です。

「さあ、課題を考えましょう」という掛け声によるブレインストーミングより、このような問いをつくり、投げかけることのほうが、よほど高い思考レベルで課題を洗い出すことができそうなのは想像に難くないでしょう。

課題よりも問題を解決したほうがインパクトを生み出せる

課題は今お伝えしたように、社内でも多くの従業員が「感づいて」いることであり、誰もがそれはやらなければいけないことだと思っているため、課題は「遂行すべき」ことです。当然ながら遂行すれば成果を生むことができます。

片や問題は「解決すべき」ことです。問題は課題よりも潜在的なものであることが多いため、遂行ではなく解決する必要があります。

問題は、上司及び同等役職者に対して「面と向かって言いにくいこと」です。実は8割の課題を遂行するよりも、2割の問題を解決するほうが会社の成果に対するインパクトが強い、ということもよくあります。


【顧客事例】たった1つの問題を解決して、インパクトを生み出したE社

たった1つの問題を解決しただけで、劇的に会社が変わることも珍しくありません。当社の顧客に、東京都内で食品の専門商社E社があります。E社のW社長は30年前に自身でE社を創業し、堅実な成長を重ね、年商20億円の規模の会社に成長させました。

当社がサポートする前までの直近7年は、年商20億円をキープし続ける、という安定的な経営をあえてしてきていました。しかし、W社長が年齢を重ねるにつれ、事業承継を考え出し、「今の組織構造のまま、自分が引退すると会社が潰れる」という危機感から、当社にご相談がきました。

このE社でマネジメントチームをつくり、ＯｎｅＴｅａｍＭｅｅｔｉｎｇを実施。ステップ1で目標を定め、ステップ2で「面と向かって言いにくいこと」を明確にするプロセスに入った際、明らかに場の空気が変わりました。

マネジメントチームの1人である営業部長が「W社長が週に2、3回ぐらいのペースで、明らかに朝まで飲んで会社に午後からやってくる」と発言。また営業課長も同様に「W社長が飲んで遅刻してくる日は営業部全体の士気が下がる」と立て続けに発言しました。

W社長は「やはり出たか」という顔で苦笑い。確かに営業部長や課長が言ったことは、従業員から見た視点での「事実」でした。しかし真実は、W社長が飲みに行くのは決まって顧客への接待。それも営業部長や課長、またはその他営業社員の主要顧客の決裁者に対して接待を行っていました。そういった接待が実は営業部長や課長ら個人売上数字のアシストになっていたことを、その場で全員が初めて知りました。

その瞬間「7つの習慣」で有名なパラダイムシフトがマネジメントチーム全員に起こり、会社に対するエンゲージメントが劇的に変わったのです。

エンゲージメントの高いチーム、つまりワンチーム会社はやるべきことさえ明確であれば、それを確実性高く遂行し、必ず成果を出します。

ワンチーム会社になったE社は、これまで「わかっていたけど遅々として進まなかった重要な課題」を迅速に遂行するようになり、ステップ1で定めた売上23億円という目標を軽々と超える24億4700万円という売上を達成することができました。

このE社のように、たった1つの問題を解決することがその後の劇的な成果に結びつくことも多々あります。会社の目的・目標に向かってギャップを解消する課題を遂行すれば、成果が出るのは当たり前ですが、その課題を遂行する「足枷」が「面と向かって言えない問題」である場合が多いのです。

逆を言えば、この問題を解決さえすれば、足枷が外れ、課題遂行に向かってマネジメントチームが一丸となって突き進み、目的・目標を達成することが可能になります。

翌年は事業承継を目的に

Ｅ社では、その次の年のマネジメントチームの目的・目標を定める際、前年のような「数値」目標ではなく、「Ｗ社長が引退しても潰れない会社にする」という目的を定めました。もともとＷ社長が事業承継を考え出して取り組み始めたプロジェクトでしたので、マネジメントチームが強固になったことで、安心して本来の目的へと向かっていったのです。

実はこの目的の定め方は、当社がサポートする顧客では「あるある」の目的であり、本質的に社長のワンマンチーム会社からワンチーム会社になるための目的の定め方だと言えます。

「社長が引退しても潰れない会社になるためには？」という視点の発想で課題と問題を明確にすると、次々と今までにないチャレンジングな課題と問題が生まれてきます。それらの課題遂行と問題解決をしていくことで、Ｅ社は現在「Ｗ社長が引退しても潰れない会社にする」という事業承継へ向かって突き進んでいる真っ最中です。

2　ワンチーム会社化のスピードアップ

全社へワンチーム会社を波及する構造

通常、マネジメントチームがワンチームになることで、それがボトムへと徐々に波及していき、最終的に全社としてのワンチーム会社に到達していきます。

しかし、E社ではワンチーム会社を全社へ波及するスピードを更に上げるため、マネジメントチーム内のプロジェクトを更に各部門に落とし、そしてマネジメントチームへフィードバックする構造をつくりました（図表18）。

これにより、マネジメントチームのメンバーが各自遂行すべき課題や解決すべき問題を、それぞれの部門のメンバーに落とし込むことで、課題遂行と問題解決の精度とスピードを格段に上げることに成功しています。

結果的にその効果が、全社としてのワンチーム会社化のスピードアップに繋がっています。

面と向かって言いにくい問題は「ブレイクスルーチャンス」

問題という言葉はネガティブな響きがありますが、ネガティブに捉えたままの解釈では解決に繋

【図表18　全社でワンチーム化を加速させる構造】

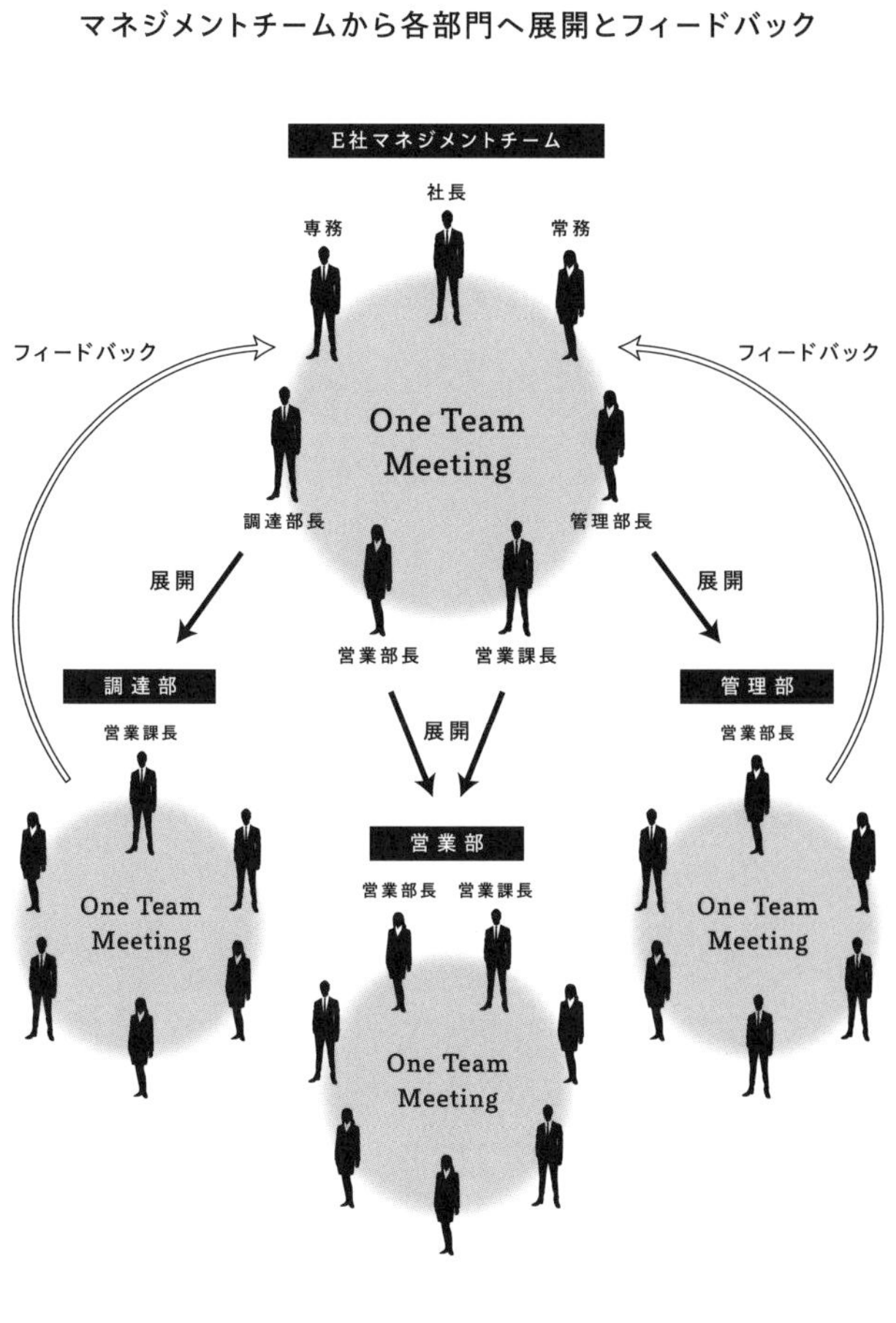

がっていきません。「解釈」というものは非常に重要であり、解釈の仕方、つまり物事の捉え方1つで、よい方向にいくこともあれば悪い方向にもいきます。

当社では面と向かって言いにくい問題を「ブレイクスルーチャンス」と解釈しています。ブレイクスルーとは「進化」や「進歩」、また「障壁を突破する」という意味であり、つまり問題＝ブレイクスルーチャンスは、会社が「進化する機会」なのです。

面と向かって言いにくい問題を解決すれば、間違いなくこれまでの自社の延長線上になかった結果をもたらすことができます。

当社ではブレイクスルーチャンス（Ｂｒｅａｋ Ｔｈｒｏｕｇｈ Ｃｈａｎｃｅ）の頭文字をとって「ＢＴＣ」と言いやすくして呼んでいます。顧客のマネジメントチームでＯｎｅＴｅａｍＭｅｅｔｉｎｇを実施する際も、面と向かって言いにくい問題が出た際は「お、よいＢＴＣ出ましたね」という使い方をします。

この解釈と言葉が顧客のマネジメントチーム内にも浸透すると、マネジメントチームのメンバー同士が「出た出た、ＢＴＣ」「うわあ、それはかなりのＢＴＣだな」と気軽に言い合うようになります。その雰囲気ができあがることで、次々と「面と向かって言いにくい問題」が出てくるようになり、またそれらを解決することで、「会社がブレイクスルーしていく」という好循環を生み出すことができるのです。

他部門への問題指摘を敬遠する理由

面と向かって言いにくい問題は、会社全体に対するものや自部門に対してのものに終始せず、他部門への指摘も必要になります。しかし、多くの会社の場合、他部門に対しての指摘（特に面と向かって言いにくい問題）を各マネジメントメンバーが敬遠する傾向にあります。

その理由として、そのようなメンバーはしばしば「自部門のことだけで手いっぱいで他部門へ目を向ける余裕がない」や「まず他部門より自部門を考えることに集中している」というようなことを口にします。

しかし、それが「他部門に口出ししない」本当の理由ではない場合がほとんどです。結局のところ「自部門の目標が達成していないと、他部門に何を言っても白い目で見られる、発言力がなくなる」や「会議で他部門に対して問題を指摘すると、その後は自部門のことについて指摘し返す仕返しがくるのではないか」という表面的な理由とは違った各自の思いが、他部門に対する問題指摘の敬遠に繋がっているのです。

心理的安全性

ここまでで重要なポイントは、そもそもマネジメントチームのメンバー同士が「面と向かって言えない問題」をしっかりと言い合えるかどうかです。お互いがお互いの主張を認め、本音でぶつかり合えなければワンチーム会社になることはできません。

そういったチームをつくるためのキーワードが「心理的安全性」です。

心理的安全性とは「チームにおいて、自分の発言に対して、他のメンバーが恥じたり、拒絶したり、罰を与えるようなことをしない確信を持っている状態」「『チームは対人リスクをとるのに、安全な場所である』との信念がメンバー間で共有された状態」を指します。

これはビジネスに関する心理学用語で、ハーバード大学の教授で組織行動学を研究するエイミー・C・エドモンドソンが1999年に提唱した概念です。

この心理的安全性が高いチームは、まさに「お互いがお互いの主張を認め、本音でぶつかり合える状態」で、ワンチーム会社の土台ができていると言えるでしょう。

世界的にも最高峰とされる企業、グーグルが自社内の労働改革プロジェクトの調査・分析を通して、「心理的安全性がチームの生産性を高める重要な要素である」とし、心理的安全なチームは「離職率が低く、収益性が高い」という結論づけをするほど企業にとって重要な考え方です。

想像できるように、心理的安全性が高ければ、社内におけるイノベーションが起きやすく、従業員エンゲージメントも当然ながら向上します。またそれは従業員それぞれのスキルアップの向上やメンタルヘルスへの効果、生産性の向上や従業員定着率のアップなどへ波及していき、会社としての売上利益向上に大きく寄与します。

心理的安全性を高めるために

企業にこのような効果をもたらし「ワンチーム会社」になる上で欠かせない心理的安全性。これを高めることがとても重要なのですが、一朝一夕で高めることは非常に難しいため、時間をかけながら、また様々な取り組みを通して徐々に高めていきます。

例えば、次のようなことです。

・ブレインストーミングやＫＪ法などにより、マネジメントチームの発言のバランスを整える。
・マネジメントチームの裁量を大きくする。
・ＷＨＹのコミュニケーション禁止。
・１人ひとりの発言に「反応をしている、という事実」の仕掛け。
・行動と見返り。
・当たり前の基準の見直しと感謝。

これらは一部ですが、様々な取り組みを頻度高く継続的にし続けることにより、心理的安全性を提唱したエドモンドソンが、対人関係のリスクとして掲げた「無知」「無能」「邪魔」「否定的」という４つの要素を排除していきます。

徐々に対人関係リスクが低減されると、心理的安全性において重要な「話しやすい」「挑戦しやすい」「協力し合う」という雰囲気が醸成され、チームとしての心理的安全性が格段に高まり、ワンチーム会社へと近づくことができます。

ブレインストーミング

心理的安全性がマネジメントチーム内で担保できた段階で、更にワンチーム会社となるべく、課題・問題の洗い出しの際はブレインストーミングで実施していきます。近年、日本でも広く認知されてきましたが、ブレインストーミングは1953年にアレックス・F・オズボーンによって考案された会議方式の1つで「集団発想法」や「課題抽出」とも言われ、集団でアイデアを出し合うことによって、相互交錯の連鎖反応や発想の誘発を期待する技法です。

心理的安全性は1回2回のミーティングですぐに高くなることはありません。しかし、それでも課題や問題をマネジメントチームの全員が「言いたいことを言える」ようにするために、ブレインストーミングというテクニックを使っていきます。

また、ワンチーム会社となる上で「自ら考える」という従業員をいかに社内に多くつくるかが重要な要素の1つです。例えば「会社のビジョンを達成するための課題・問題を言える人はいますか?」と従業員に聞くと、何人の人が手を挙げるでしょうか。ブレインストーミングという手法を使うことで、マネジメントチームのメンバー全員が否応なしにでも「考える」「発言する」という構造をつくることができます。

ＫＪ法

課題や問題を抽出していく上で、ブレインストーミングと併せて使用していく手法がＫＪ法です。ＫＪ法は、１９６７年に東京工業大学の川喜田二郎名誉教授の「発想法」という著書で発表された手法で、付箋などの紙に思いついたことを書き、それをグループ化していくことで頭の中にある思考をまとめ上げていく手法です。

課題・問題のアイデア出し、つまり発散させ、それを収束させていくというプロセスにおいてもちろん有効なのですが、ＫＪ法の手法として重要視したいもう1つの考え方は「意見は付箋に書いてから発表する」ということです。

通常、多くの会社の会議では「声の大きい人」や「役職が上の人」の発言力が高いため、そういった方が先に発言すると、他の従業員は思っていたことを発言できなくなります。従業員が思っていたことや感じていたことが、実は経営課題において非常に重要な視点だったことはよくあります。

そういった機会を潰さないよう、発言は全員が付箋に書く時間を取ってから順番に発言していきます。付箋に書いている間は、周囲の誰の意見も耳に入らないため、純粋に従業員それぞれの考えを発散することができます。

心理的安全性の構築やブレインストーミングの手法とも合わせ、従業員それぞれの自由な発想、発言に対して間違っても批判はせず、逆に「ブレイクスルーチャンス」と認識して称賛する場をつくることが重要です。

【顧客事例】もう一度「ビジョンを定める」へ戻ることも

課題や問題の洗い出しを一通り終えると、「これらの課題や問題の中で優先順位の高いものが半分以上、遂行、解決できたらウチの会社はどれぐらい成長できるか」をイメージしてもらいます。

その際、最初に定めたマネジメントチームの目的・目標にもう一度焦点を当てると「もっといけるのではないか」「違う目的がいいのではないか」という目線が生まれ、顧客によってはもう一度目的や目標に戻って定め直す場合もあります。

東京都内にある資産活用商品、金融商品の販売を事業にしているF社があります。そのF社でも目的・目標を定めた後、課題や問題の洗い出しを行いました。当時F社では目標である年商20億円を定めていましたが、課題や問題を洗い出し、優先順位の高いものを半分以上、遂行、解決した際のイメージをしていただいた際、「年商20億円ではなく25億円くらいは行けるのではないか」という議論になりました。

これまで手を付けようと思っても遂行できなかった課題や、面と向かって言いにくい問題のレベルが高かったため、クリアできさえすれば物凄いインパクトを生む雰囲気がマネジメントチームの中でできあがっていたのです。

結果的にF社は目標を年商25億円に定め直し、改めてチャレンジングな目標に向かって突き進む一体感を得ることができました。

このような形で、まだ見ぬ課題や問題に対してクリアできたときのイメージを持ってもらうことで、改めて「自社がどこまで行くことができるか」をよい意味で見直す、思考のブレイクスルーを起こすことができます。

明らかに無謀な目標は逆効果

F社の事例では、課題や問題を洗い出した上で、優先順位の高い課題や問題の半分以上を解決できたときのイメージをもって、ビジョンに立ち戻った際に「引き上げることができた目標」の事例です。

ここでお伝えしたいのは、やみくもに高い目標を掲げるという事ではなく、マネジメントチームが全員でイメージしてみた時に「ここまではやれるのではないか」という、思考と議論のプロセスを踏む過程が重要だということです。

明らかに無謀な目標は逆にマネジメントチームの士気を下げます。「絶対無理だ」と思う目標を立てさせられたマネジメントメンバーが最大限にパフォーマンスを発揮することはありません。また、マネジメントメンバーが無理だと思いながらミッションを遂行すると、当然ボトムの従業員にまでその空気は波及していき、悪循環に陥っていきます。

そうならないために、前提としては「面と向かっていいやすい課題」そして「面と向かって言いにくい問題」をしっかりと洗い出すことが重要であり、かつそれらを解決できた時の組織イメージをマネジメントチーム全員が共有できていることが必要です。

「目いっぱいジャンプしたらギリギリ届くもの」というイメージでチャレンジングな目標を設定することで「これは無理」ではなく「この目標はわくわくする」とマネジメントメンバー全員が思えるような進め方をしていきましょう。

VICTORYステップ②CLEAR TASK まとめ

マネジメントチームの目的・目標を定め、その目的・目標を達成するための課題と問題の明確化がステップ②CLEAR TASKでした。

章の中でも再三触れているように、この課題と問題のレベルが高くなければ、目的・目標を達成することは難しく、次のステップ③にも影響が出てきます。そうならないために、チームとして明確に課題や問題を言える雰囲気づくりをし、様々なテクニックを駆使する必要があります。

現在地と未来像におけるギャップを、どれだけチャレンジング性あるものとして明確にしていくか、そしてそのようなチームの雰囲気をつくり上げることが、VICTORYステップ②CLEAR TASKです。

第5章

ワンチーム会社へのVICTORYステップ③

1　ＶＩＣＴＯＲＹステップ③ＯＶＥＲＣＯＭＥ　ＴＲＹ

乗り越える試みをする

「社長のワンマンチーム会社」から「ワンチーム会社」へと変貌を遂げるためのＶＩＣＴＯＲＹステップ。ステップ３はＯＶＥＲＣＯＭＥ ＴＲＹ（乗り越える試みをする）です。

ステップ２で未来像に対するギャップである課題・問題を洗い出した後は、その課題や問題を乗り越えるための試みをしていきます。

課題や問題は目指すべき未来像へ向かうためのギャップです。そのギャップを乗り越える試みをしなければ成果は生まれません。

課題遂行、問題解決の優先順位を決める

ＶＩＣＴＯＲＹステップ②でもお伝えしたように、まずは遂行すべき課題と解決すべき問題に対して優先順位をつけていきましょう。優先順位はシンプルに「どの課題を遂行、もしくはどの問題を解決すれば、最も会社に対するインパクトが強いか」という視点で決定していきます。

ＶＩＣＴＯＲＹステップ①でチャレンジングな目的や目標を立て、ＶＩＣＴＯＲＹステップ②で

その目的、目標を達成するためのチャレンジングな課題、問題を洗い出しました。いずれもチャレンジングなものとなっているため、それらを達成するためには何よりも効果が高い、という意味でのインパクトを重視すべきです。

実行する優先順位を当社では図表19のようにマトリクス化しています。ＡＢＣＤそれぞれの頭文字でゾーンの名称をつけていますが、遂行すべき課題や解決すべき問題の中でも、効果が出るまでのスピードが早く、かつ効果が高いものはＡゾーンに分類されます。当然ながら優先順位は最も高いのですが、Ａゾーンに当てはまるものはあまりありません。

現実的には効果が出るまでのスピードは遅いものの、効果が高いというＢゾーンが多く、優先順位が高くなります。Ｂゾーンはブーストゾーンと呼び、ブーストには「押し上げる」や「加速させる」「強化する」など様々な意味があります。ブーストゾーンの課題や問題をクリアしていくことで、成果が飛躍的に上がっていきます。

難易度の高さとモチベーションの関係性

ブーストゾーンの課題や問題は効果が高いものであるため、そのミッションは難易度が高いものであることが一般的です。しかし、マネジメントチームに対しては難易度の高いミッションこそ与えられるべきだと思います。

【図表19　実行優先順位のマトリクス「効果スピードと高さ」】

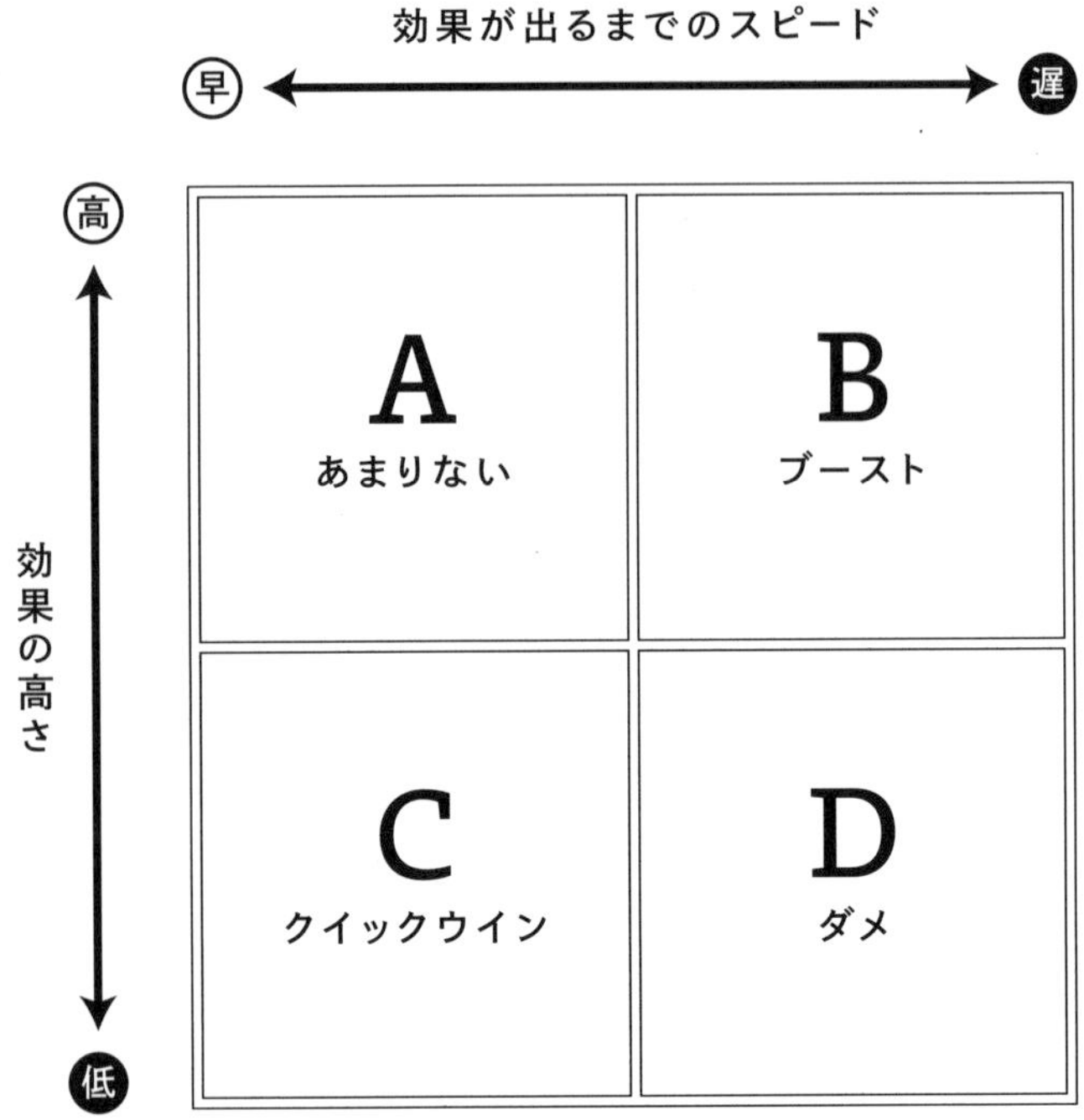

メディケア生命保険が社会人歴５年未満の20代社会人５００名と、ベテラン社会人５００名、計１０００名に対して「どのようなことで仕事のモチベーションが上がるか」というアンケート調査をしたところ、ベテランの回答における1位は「難易度の高い業務を完遂すること」でした。逆に若手社員は「終業時間内に」や「計画通りに」業務を関することが1位2位、という結果になっています（図表20）。

もちろん個々人によりますが、ことマネジメントチームのメンバーにおいては、難易度の高いチャレンジングなミッションを遂行してもらうことがモチベーションにも繋がるのです。

ベテランと若手間によるミッションの落とし込み

このような調査からも、比較的ベテランで構成されるマネジメントチームと、その部下である若手社員の間では、効果的にミッションの落とし込みをすべきです。

「チャレンジングなミッション」にこそ、モチベーションが上がるマネジメントチームのメンバーにおいては、当然ながらそのままチャレンジングに取り組んでもらいます。一方で、自身の部下にもミッション達成のために協力をしてもらう場合は、そのような若手社員にもモチベーションを上げて取り組んでもらえるように、ミッションを細分化し、難易度を下げ、「計画的に時間内に終わる」ようにミッションを落とし込むと効果的な場合があります。

【図表20　どのようなことで仕事のモチベーションが上がるか】

「どのようなことで仕事のモチベーションが上がるか」アンケート

対象：全国の社会人1,000名

若手（20～29歳／社会人歴5年未満）500名　ベテラン（40～59歳／社会人歴15年以上）500名

※複数回答形式 ※各上位10項目を表示

〖若手〗

（20～29歳／社会人歴5年未満）n=500

1位	就業時間内に業務を完遂すること	28.6%
2位	事前の計画通り業務を完遂すること	27.6%
3位	難易度の高い業務を完遂すること	26.8%
4位	一緒に働くメンバーに感謝されること	26.2%
5位	お客様に感謝される・笑顔がみられること	25.0%
6位	新しい知識・技能を身につけられること	24.4%
7位	成果に見合った給料が貰えること	24.0%
8位	協力して業務を完遂すること	22.8%
9位	専門的な知識・技能を身につけられること	19.8%
10位	一人で業務を完遂すること	15.2%

〖ベテラン〗

（40～59歳／社会人歴15年以上）n=500

1位	難易度の高い業務を完遂すること	30.0%
2位	成果に見合った給料が貰えること	28.2%
3位	お客様に感謝される・笑顔がみられること	27.6%
4位	事前の計画通り業務を完遂すること	27.0%
5位	就業時間内に業務を完遂すること	20.8%
6位	新しい知識・技能を身につけられること	20.0%
7位	協力して業務を完遂すること	19.8%
8位	専門的な知識・技能を身につけられること	19.4%
9位	一緒に働くメンバーに感謝されること	19.2%
10位	一人で業務を完遂すること	18.0%

出典：メディケア生命保険

チームの求心力を保つためのCゾーン

とはいえ、ブーストゾーンのミッションは効果が出るまでのスピードが遅いため、なかなか成果が出ないとチームとしての求心力が一時的に下がってしまう恐れもあります。

そのようなときに平行してミッションとして考えておきたいのがCゾーン、クイックウインゾーンです（※クイックのスペルはQですが便宜上Cゾーンとしています）。クイックウインゾーンは効果こそ低いものの、効果が出るまでのスピードが早いため、ミッション完遂による「達成感」を短いサイクルで生むことができます。

少しでも効果が出ることで、メンバー個々人としてもモチベーションがキープできます。難易度の高いブーストゾーンへの課題や問題にも継続的に取り組めることができるため、チームの求心力を失わずに済みます。クイックウインゾーンは、まさにそういった活用にぴったりだと言えるでしょう。

ちなみにDゾーンはダメゾーンです。効果が低く、かつ効果が出るまでのスピードが遅いものに関しては優先順位が限りなく低く、取り組む必要はほとんどありません。

解決策をセッションする

Aゾーン・Bゾーン・Cゾーンの中で優先順位を明確にした後に、マネジメントチームの中で優先順位の高いものから順に解決策をセッションしていきます。

例えば「○○（ビフォー）を○○（アフター）するためには、何をどのようにすればよいか？」という問いに、マネジメントチーム全員でブレインストーミングしていきます。

当然ながら解決策というものは、社長やその分野に長けたメンバーが最適な解決策をもっている場合が多いです。しかし、そのような人がいきなり全員の認識として「正しい」と思ってしまう解決策を発してしまうと、マネジメントチームのメンバーの思考が止まります。

思考が止まることはマネジメントチームの成長を阻害する要因となってしまう上、最適な解決策が生まれる機会を阻んでしまうことにも繋がります。

誰でも体感したことはあると思いますが、組織の中で特に発言力の高い人材、役職が上位の人材が「これが正しい」と言わんばかりの態度で発言すると、たとえ正しくない、効果的ではない発言だったとしても、それ以降誰も反論する人、意見を言う人はいなくなります。

マネジメントチームのメンバーの中で「最適な解決策を持っていなそうな」メンバーが、実は最も効果的な解決策を発言する場合があることも珍しくありません。

まずはマネジメントチーム「全員で考える」というプロセスをとることが、マネジメントチームの成長とワンチーム会社になるための過程では必須であり、かつ最適な解決策を生み出す機会を逸しない構造をつくるためにも、解決策をマネジメントチームでセッションする必要があるのです。

２　課題や問題の解決策を見つけるために

他企業事例で解決策の幅を広げる

課題や問題に対しての解決策は、マネジメントチームのメンバー全員で考えていきますが、解決策の幅を広げることがとても重要です。解決策のアイデアがより多く、今までにないものほど効果的な解決策である場合が多いからです。

解決策の幅を広げるためには、マネジメントチームのメンバー全員の「思考の幅」を広げる必要があります。人の発想というものは、基本的に個々人の過去の経験や知識の積み重ねの中からしか生まれることはありません。

その思考の幅を広げるための１つとして、他企業の施策事例をメンバーにシェアすることを当社では実施しています。

「２０１４年に東京駅が１００周年で東京駅ミッドナイトツアーを開催した」という出来事を知っているでしょうか。

そのツアーでは、参加者がヨガマットに寝ころびながら天井の仕掛けについて東京駅の設計者から説明を受けたり、普段は人混みで見落としがちな路線の起点を示す「ゼロキロポイント」を観察したり、中央線ホームに停泊していた列車と記念撮影したりするなど、深夜1時から3時までの時間にも関わらず大好評で、翌月のイベントもすぐに売り切れになったイベントでした。ちなみにこのイベントを発案したのは、当時2年目と3年目の2人のＪＲ東日本の職員だったそうです。

この事例は直接的な営利目的イベントではなかったものの、成功した事例として顧客にシェアすることがあります。どういった観点でこの施策事例を聞いていただきたいかと言うと、「営業時間外に取り組めることで、間接的な売上を上げる、または顧客をファン化する施策」という発想をもってもらいたい意図です。

特にこの事例をシェアする機会が多いのは、飲食店や小売業など、いわゆる店舗という「箱」をもっている業態の企業に対してです。これらの業態は更なる集客数アップ、単価アップ、リピート数アップ、という売上に直結する重要指標が課題や問題になる場合が多く、その解決策の発想を広げてもらうためにこの事例をシェアします。

もちろんその施策をそのままマネするのではなく「自社に置き換えて考えてみたら、どのようなことができるか」をマネジメントチームのメンバー全員が考えることによって、これまでにない解決策を考案し、実施します。結果的に課題遂行、問題解決ができたことも少なくありません。

業態によって解決策の幅を広げる他企業の施策事例は違うため、その企業に合わせた施策事例をシェアしますが、自社内においても、そういった他企業事例という解決策の「引き出し」をストックする仕組みなどをつくってみてはいかがでしょうか。

成功事例の収集を仕組み化

同業種であろうと異業種であろうと、企業の成功事例は自社にとって「活きたノウハウ」になります。特にマネジメントチームのメンバーである社内でも上位職責に位置している従業員に関しては、こういったノウハウを日常から収集し、ストック、そしてシェアし合うといった仕組みが重要になってきます。

例えば、日経新聞はもちろん、日経ビジネスやダイヤモンド、東洋経済といったビジネス雑誌などには企業の成功事例が多く掲載されています。紙の情報誌だけではなく、ネットでもかなり多くの成功事例が掲載されているでしょう。

また、わかりやすいのはテレビ東京の22時、23時台の番組です。『ガイアの夜明け』や『カンブリア宮殿』など特定の企業を深堀りした情報もあれば、ワールドビジネスサテライトのように様々な企業の取組みを紹介している番組もあります。

少し意識するだけで自社の成果のヒントになるような情報は、日常においていくらでも収集できます。そういった情報収集をマネジメントチームで持ち回りや担当決めをしながら、収集とシェアを仕組み化するだけでも、チームとしてまた会社としてのレベルが飛躍的に上がっていきます。

ビジネスの基本である「2者」の調査を徹底的にしているか

解決策とは自社の「戦略」にあたります。その戦略を考えるにあたって、基本中の基本である自社に直接影響ある「2者」の調査をどれだけ徹底的に調査しているかが重要になります。

「2者」とは「顧客」と「競合」です。まず顧客に関しては、顧客＝市場です。市場は顧客のニーズによってつくり出されます。自社がより大きな成果を生み出すためには、顧客のニーズを徹底的に知る必要があります。

シンプルに顧客のニーズ調査をする手法としては、顧客にインタビューを行います。自社の商品サービスを購入した顧客に対してはもちろん、競合会社の商品サービスを購入した企業に対してもインタビューを行うなど基本的なことを実施することで、自社がとるべき解決策、戦略が極めて確度の高いものになります。

また競合の調査も同様に徹底的に実施しましょう。競合会社の商品サービスを徹底的に調査し、「類似商品サービスを選ぶのであれば絶対にウチの商品サービスを選ぶ」という差別化が図れるまで調べ上げることが必要です（図表21）。

当社の顧客で三重県にある住宅会社があるのですが、いわゆる「ローコスト住宅」分野での競合会社の住宅を徹底的に調査したことで、競合会社に負けないローコスト住宅商品を開発しました。これが爆発的ヒット商品となり、急激に業績を上げたという事例もあります。

【図表 21　徹底的な２者の調査により効果的な解決策が得られる】

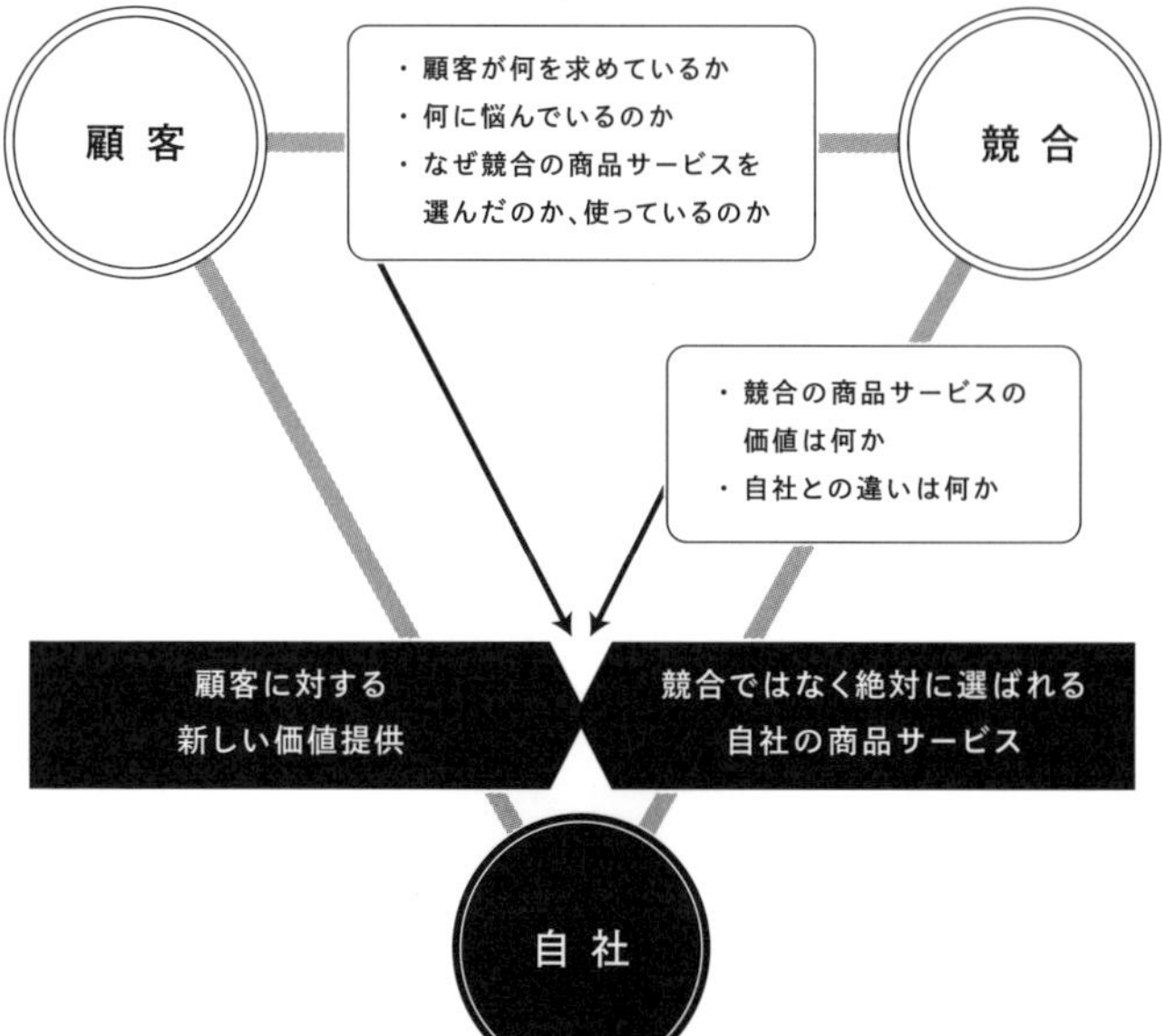

極めてシンプルな考えなのですが、実はこういった当たり前の調査を熱心にしていない企業は多くあります。ビジネスの基本である2者の調査をどれだけ徹底的にするかも、マネジメントチームには必要なことなのです。

フレームワークの活用

解決策のアイデア出しを効果的に行う際に、フレームワークの活用も推奨しています。「2者の調査」は、フレームワークでいうところの「3C（自社・顧客・競合）」に当たりますが、顧客視点を更に深掘りする4C（顧客価値・顧客が負担するコスト・顧客とのコミュニケーション・顧客の利便性）を活用することで、より深い発想が生まれていきます。

それ以外にも「SWOT分析」における「機会」や「脅威」に焦点を当てた解決策のアイデアや、特に製造業においてよく使われる4M（人・方法・材料・機械）、またマーケティングの基本となる4P（製品・価格・流通・プロモーション）を念頭において考えるなど「思考の物差し」をチームに与えることで発想のレベルを整えることができます。

このようなフレームワークを問題のカテゴリによって使い分けることで、解決策を考える幅が広がり、効果的な発想を生むことができます。

解決策の具体化

解決策を定義する上で重要なことは、なるべく具体化するという発想です。言語や定義が抽象的であればあるほど、行動自体も抽象的になり、質が低下し、成果が出にくいと同時に検証がしにくくなります。

当社では解決策のレイヤーは３段階あると考えています。１段階目は「解決の方向性」、２段階目は「解決の手法」、３段階目は「解決に向けた仕組み化」です。

それぞれのレイヤーごとに、例としてとある営業会社で表現すると、１段階目の「解決策の方向性」は「営業部として全体的に営業力を上げる」のような解決策表現です。よくありがちな表現ですが、抽象的な表現であるため、何をどうするかが不明確で行動に移しにくいです。

これを２段階目の「解決の手法」に落とし込むと、例えば「営業マニュアルを作成し、マニュアルに沿った形でロールプレイングを実施する」のような解決表現です。１段階目よりは具体的になりましたが、更に３段階目の「仕組み化」までに落とし込んで具体的にしたいところです。

では、これを３段階目の「解決に向けた仕組み化」にすると、「前月の成約率○％未満の社員は、当月毎日朝８時30分に出社し、30分間ロールプレイングを実施。成約率が改善できた場合は次月のロールプレイングはなしとするが、改善しなかった場合は引き続き次月も行うと同時に、直属の上司の評価に○％響く」のような解決表現です。

【図表22　解決策はなるべく具体的に】

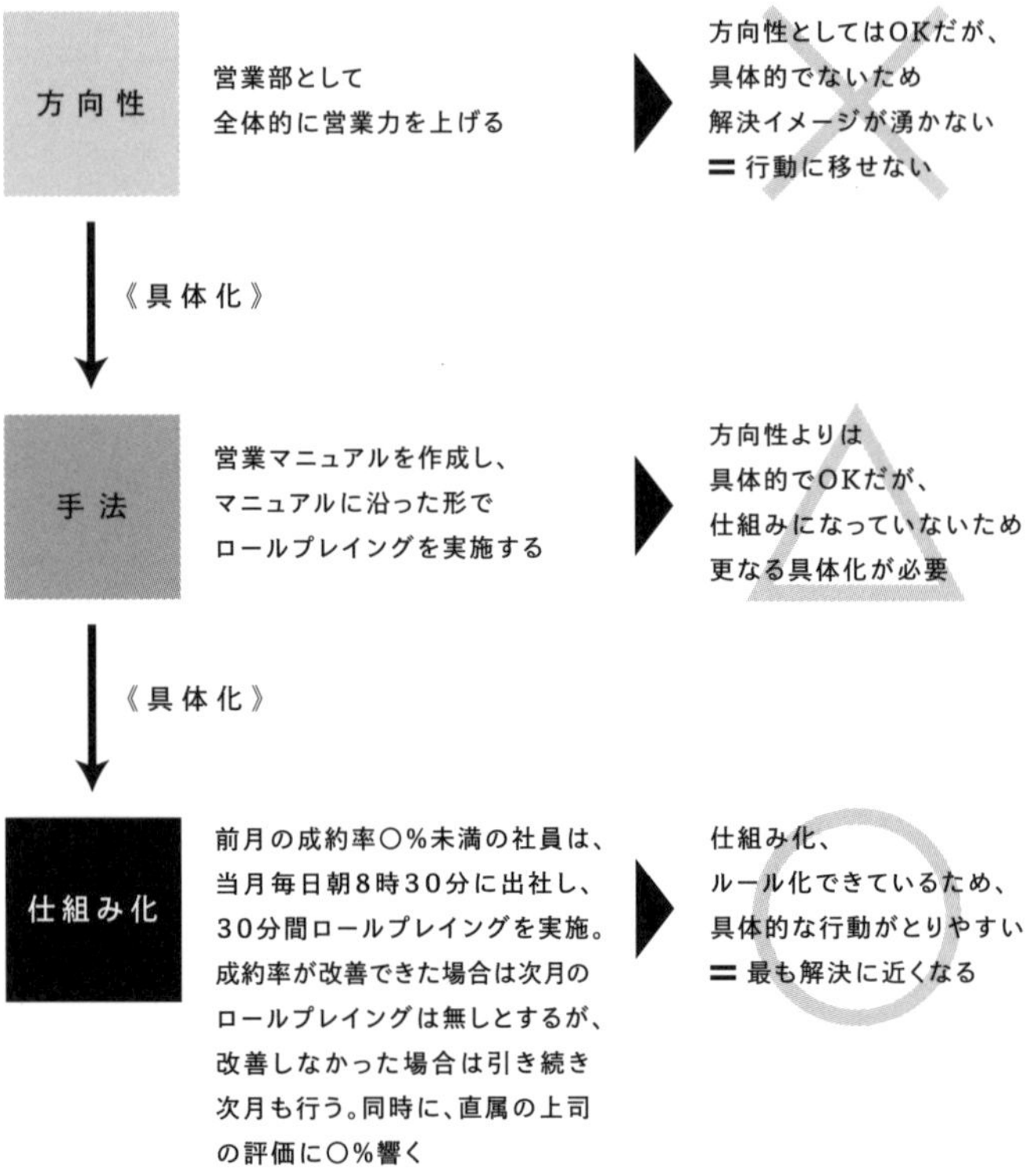
方向性
営業部として
全体的に営業力を上げる
方向性としてはOKだが、
具体的でないため
解決イメージが湧かない
＝行動に移せない
《具体化》
手法
営業マニュアルを作成し、
マニュアルに沿った形で
ロールプレイングを実施する
方向性よりは
具体的でOKだが、
仕組みになっていないため
更なる具体化が必要
《具体化》
仕組み化
前月の成約率○%未満の社員は、
当月毎日朝8時30分に出社し、
30分間ロールプレイングを実施。
成約率が改善できた場合は次月の
ロールプレイングは無しとするが、
改善しなかった場合は引き続き
次月も行う。同時に、直属の上司
の評価に○%響く
仕組み化、
ルール化できているため、
具体的な行動がとりやすい
＝最も解決に近くなる

ここまで解決へ向けた仕組み化として表現すると、対象者とすべき行動、またそれに伴い影響を与える人が誰なのかが具体的になり、行動も明確になります（図表22）。

解決策を定義、言語化する場合は、こういった形でレイヤーを上げ具体的にすることで、行動を明確にし、成果を繋げていくことを重要視しています。

不確実性の中で突き進む力

解決策をマネジメントメンバー全員が考え、とるべき施策を決定するにあたって重要なポイントは「解決策の精度を求め過ぎない」ことです。

コロナ禍もその1つではありますが、近年、政治的、社会的、技術的にも外部環境が変わるスピードが早くなる一方です。そういった中で「その解決策は本当に正しく、確実なのか」にこだわり過ぎると、物事が遅々として進まず、チームとして、そして会社としてのスピードも落ちてしまいます。1つの機会損失が後の企業成長にあたり、悪い意味で大きな意味をもつことも珍しくありません。

ワンチーム会社になっていく上で、特にマネジメントチームの「風土」として醸成させていくべきなのは「不確実性の中で突き進む」というものです。

確実なことがなく、正解がない「ビジネス」という環境において、企業成長し続けられる企業とそうでない企業においては、この「不確実性の中で突き進む力」に大きな差があると感じています。

この力が強い企業ほど、目まぐるしく変わる外部環境の中においても順応でき、成果を上げる傾向が高いと言えます。

もちろん周到な計画を立てることに越したことはありませんが、計画の完成度を100％に近づけることにこだわり、そこに必要以上の時間をかけるよりも、70～80％程度の精度の計画で意思決定を行い、実行によるPDCAを高速で回す力がワンチーム会社には求められます。

最適解にフォーカスする

不確実性ながらも、最も効果的な施策に対して意思決定をしていくことが重要なのは言うまでもありません。ただ多くの企業の場合、その意思決定を経営トップが下すことがほとんどです。それ自体が悪いことではありませんが、トップがすべてを下すという組織構造では、施策そのものではなく「社内政治」という人間関係で意思決定が左右されてしまう恐れがあります。

そうなると当然ながら意思決定の質が低下するため、しっかりとすべてのアイデアを机の上に乗せ、マネジメントチーム全員が率直な意見を言える機会を与えるプロセスが必須です。

そのようなプロセスを踏んでいくことで、「誰が言ったことが正しい」ではなく、「この問題を解決するために最も効果的なのは」という基準で判断していくことが求められます。

フォーカスすべきは「Ｗｈｏ」ではなく「Ｗｈａｔ」です。マネジメントチームにおいてＷｈａ

t、つまり「我々は何をすべきか」に焦点を絞った議論が当たり前になると、ワンチーム会社力が劇的に上がっていきます。

3　解決策を実行する

担当責任者を決定する

効果的な解決策の決定後は、その解決策を実行に移す「担当責任者」を決定していきます。担当責任者はその解決策を実行する「主役」ではありますが、その人ひとりだけが担当するとは限りません。同じマネジメントチームのメンバーの中で誰かと組んだり、またマネジメントチーム以外のメンバーにも打診したり、チームとして遂行する場合も多いです。

そういった場合においても、その解決策を実行する上でチームを「引っ張る」役割がここで言う担当責任者です。

担当責任者に関しては、たとえその解決策の領域が別部門の領域だったとしても、「最もその人が担当責任者になることが効果的だ」という判断軸で決定していきます。

例えば、「人材採用」における解決策を実行する場合、通常であれば社内における人事部の責任者が担当になることが多いと思いますが、そうとは限らず「最も成果が出やすい効果的な人材」という視点で担当責任者を考えた場合、それが営業部門の責任者だったということもしばしば起こります。それにより、これまでにはなかった成果を上げることも珍しくありません。

「部門」や「それはその人の仕事」という先入観の垣根をなくし、フラットな状態で最も適切な人材を担当責任者にすることで、解決策の実行がスムーズにいきます。

アクションプラン

解決策を実行する担当責任者の決定後、まずはその担当責任者がアクションプランを考えていきます。アクションプランの基本は3W2H「WHEN（いつまでに）」「WHO（誰が）」「WHAT（何を）」「HOW（どのように）」「HOW MUCH（どれぐらいの量・数値を目指して）」です。

また、1つの解決策を実行するためのアクションプランが必ず1つとは限りません。解決策を実行し、スピーディーにかつ精度高く実行できるためのアクションを複数考案する場合もあります。アクションプランは「1対1」の思考ではなく「1対多」の思考で作成していくことが必要なのです。

KPI

アクションプランの基本項目である「いつまでに」「何を」「どのように」を考えると同時に設定するのがKPIです。KPIとは、Key Performance Indicator の略で、日本語で「重要業績評価指標」

を指します。近年、いたる企業で使われているため、ご存知の方も多いでしょう。

アクションはその名のとおり「行動」であるため、その行動をした結果を目に見える形で「数値化」や「アウトプット」などで測れる評価指標を設定する必要があります。

評価指標は大きく2つの観点で設定していきます。1つは行動に対するＫＰＩ、もう1つは結果に対するＫＰＩです。それぞれを分けて設定していきましょう。

例えば、営業会社で売上５００万円を結果のＫＰＩに設定するのはよくあることです。それに対する行動ＫＰＩとしては、「テレアポを○日～○日の間に○件実行する」という指標を置きます。

ここで一旦、結果を生むためのプロセスの内容とＫＰＩを精査していきます。まずはそもそも売上５００万円を目指す施策としてテレアポというプロセスがよいのか、またテレアポだけでよいのか。よかった場合、売上５００万円を目指す上でテレアポの目標○件は妥当な数字であるか。このような精査をしていきます（図表23）。

結果的に決定したＫＰＩが、結果ＫＰＩ……５００万円、行動ＫＰＩ……テレアポ８００件、の場合、「テレアポ８００件という行動をとれば、売上５００万円が達成できる」というロジックでアクションプランがつくられることになります。

当然ながら片方だけではなく、結果と行動どちらのＫＰＩも達成を目指して行動する、というマネジメントになります。

【図表23　KPIは行動だけでなく結果も設定】

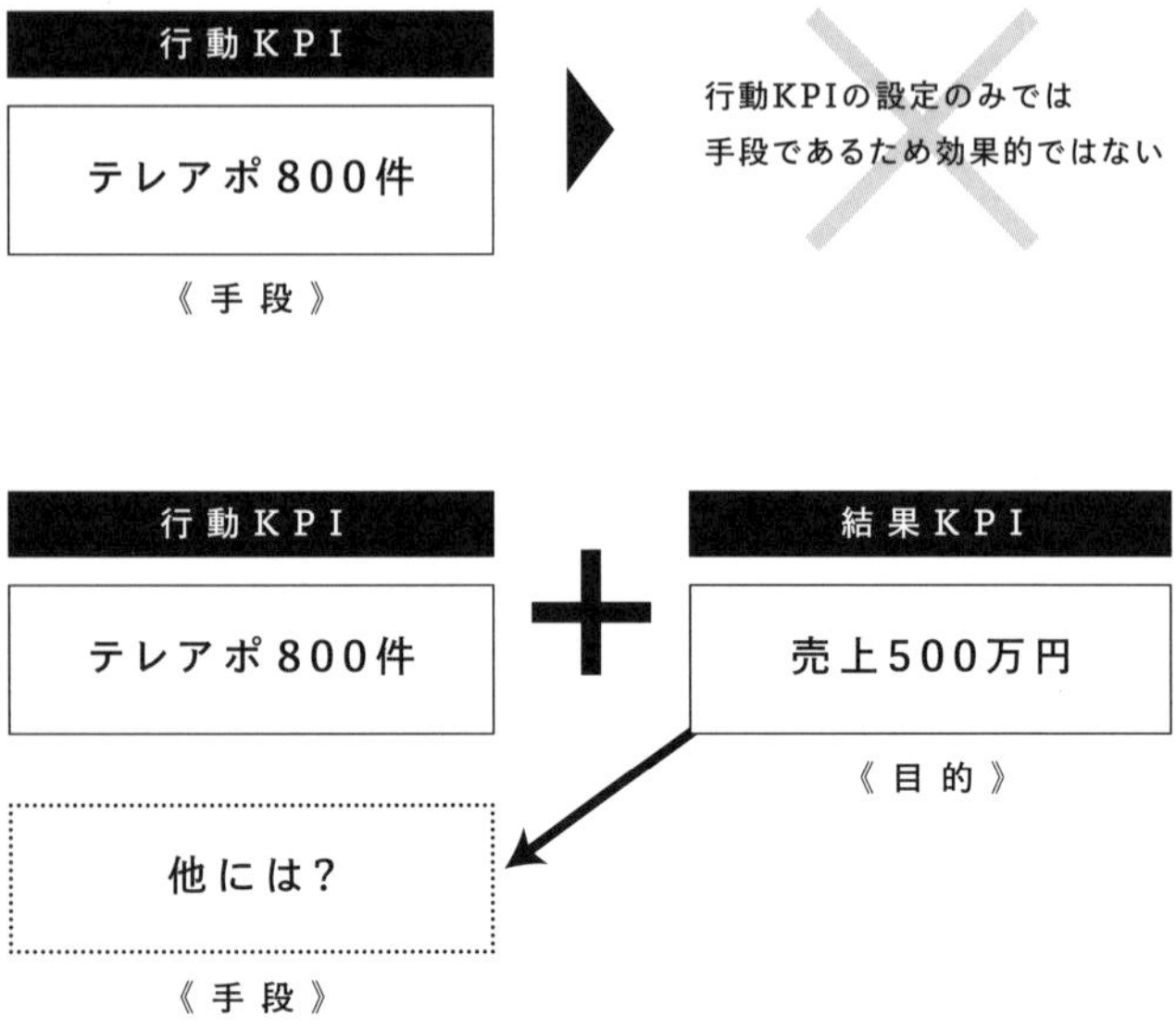

結果KPI（目的）を達成するための
行動KPI（手段）という位置づけで両方設定。
また行動や手法を起点に発想するのではなく、
目的達成から逆算した起点発想で考えることで、
手段の数と質が上がる

裁量の大きさ

アクションプランまでのつくり込みにおいて、社長が中心ではなく、マネジメントチームのメンバーの中の担当責任者が自身で考案し、中心となってつくり込んでいくプロセスが重要です。

例えば、上司から「Ａの案件については、月曜日中に○○をして、火曜までには△△を終え、水曜までに□□まで完成させておいて」と具体的なアクションをすべて決められて指示された場合、自身の「裁量」が小さいため、主体性が損なわれ、また心理的安全性が低くなってしまいます。

入社したての新入社員であれば話は別ですが、マネジメントチームのメンバーは経験値や能力が高いメンバーです。そのようなメンバーには、具体的な指示まで落とし込む「下流工程」にではなく、自身が「上流工程」の段階から自由にアクションプランを発想、考えてもらうことで「裁量」が大きく感じられ、主体性も心理的安全性も高い状態を保つことができます。

特にマネジメントチームとして取り組む初期段階においては、アクションプランの内容の精度の高低はいったん置いておき、大きな裁量を与える機会をつくることが重要です。

ＰＤＣＡサイクルはなるべく短く

（Ａ）アクション（Ｐ）プランを立てているのであれば、当然ながらそのアクションプランに対してＰＤＣＡを回す必要があります。

ＰＤＣＡサイクルの何たるかについては、現代においてはもはや説明不要だと思いますので割愛します。ここではＰＤＣＡサイクルをどれぐらいのスピードで回していくかについて触れていきます。

例えばａｍａｚｏｎやソフトバンクなど、急成長を遂げたほとんどの有名企業では、このＰＤＣＡサイクルを高速で回しています。当社が取り組む場合においても「長くても1週間」としています。ＰＤＣＡサイクルを長い期間とっていながら成功している企業を見たことがありません。それぐらい計画から実行、進捗チェックをして修正する期間は短いことが大切なのです。

当社のＯｎｅＴｅａｍＭｅｅｔｉｎｇにおいては、このＰＤＣＡサイクルを大きく分けて2パターンで実施しています。まずは基本的に1週間サイクルでマネジメントチーム全員が集まり、ＰＤＣＡサイクルを回していくパターンです。

各担当責任者のアクションプランに対して、進捗をチーム全体で共有しながら、課題や問題が生じていれば、その場で新たな解決策やアクションプランを決定していきます。

もう1つのパターンは毎週マネジメントチーム全員が集まれない企業の場合です。その場合、サイクルとしては1週間で変わりありませんが、各担当責任者と個別で進捗のセッションを行っていきます。

この個別セッションでも同様に、進捗確認の中で課題や問題が生じていた場合、解決策やアクションプランを策定していきます。そのサイクルを毎週続けていきながら、1か月ごとにマネジメントチームが集合し、チーム全体としてPDCAサイクルを回す流れで実施します。

1週間に1回というサイクルが浸透していく中で、徐々にその期間を「5日」「3日」へと短くしていくこともあります。

基本的なポイントとしては2つあります。

1つは短いPDCAサイクルの「場」をつくることで、各担当責任者の行動を助長させます。アクションプランにも期限を設定していますが、進捗確認にも期限を設定することで「○日までに最低でも○をしなければならない」という「期限の効果」を活用します。

もう1つは悪いアラートを早めに鳴らせるようにするためです。行動をしていく中で、なかなかうまくいっていなかったり、アクションプラン自体に問題があった場合、長い期間放置すると著しく時間がムダになってしまいます。

早めに悪いアラートを鳴らせるような仕組みをつくっておくことで、目標達成をなるべく早く、かつ確実にすることができます。

最初の1週間に勝負をかける

「結局研修しても従業員は何も変わらなかった」

外部講師を招いて従業員研修を実施したことがある企業や経営者は、必ず1度はこういったことを感じたことがあると思います。なぜかというと、その多くは研修で得た考え方やスキルをすぐに現場に取り入れない、行動しないからです。

研修で変わったかどうかは、発言や行動などのアウトプットが変わる、精度が変わることでしか感じられません。だからこそインプットしたものは、すぐにアウトプットする必要があるのです。

私自身も企業向けに「経営層」「マネジメント層」「ロワー層」など階層別に研修を実施することが多いのですが、研修の翌日、何なら研修が終了したその日から、研修内容をアウトプットしてもらいます。

ドイツの心理学者であるエビングハウスが「無意味な文字の羅列を記憶し、それを一定時間後にいくつまで思い出せるか」という実験の検証結果「エビングハウスの忘却曲線」によると、人は覚えたことを1日経つと74%忘れ、1週間経つと77%忘れます。覚えた内容をほとんど忘れているという中途半端な状態でアウトプットをしても、成果が出ないのは明白です（図表24）。

当社のＯｎｅＴｅａｍＭｅｅｔｉｎｇでも同様に、ファーストアクションプランは「1週間後までに何をするか」を徹底的に落とし込んでいきます。そしてそのファーストアクションプランは、量が多く質が高いプランにします。それにより最初の1週間でマネジメントチームの雰囲気をガラッと変えていくことができます。

【図表24　エビングハウスの忘却曲線】

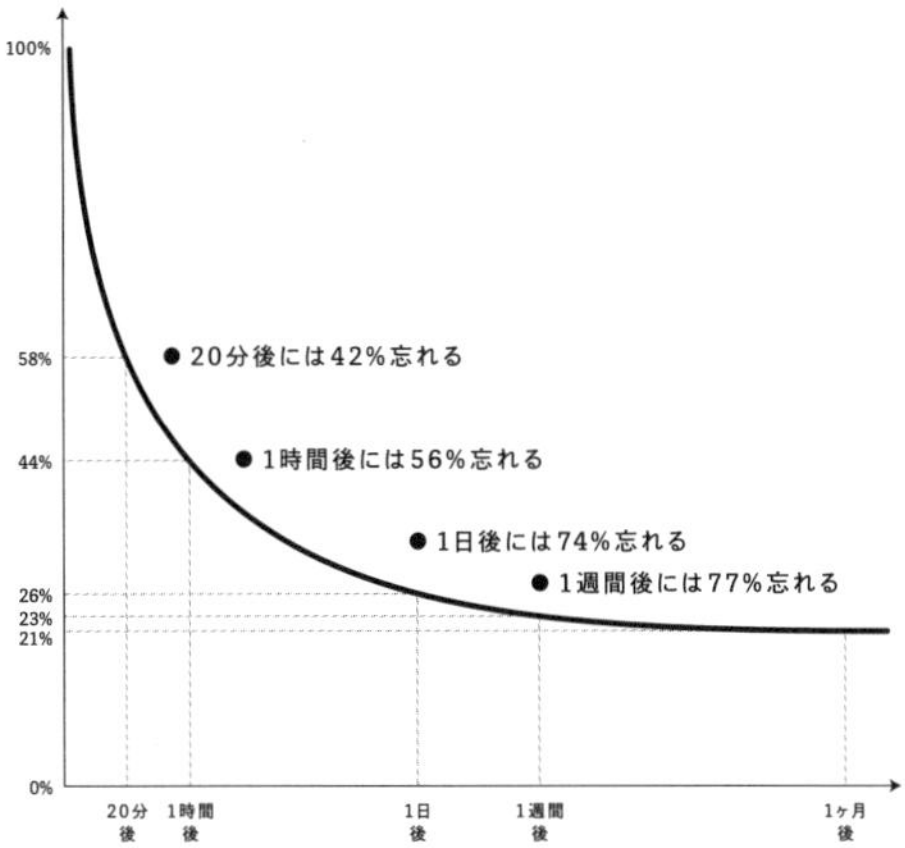

経験上、最初の1週間で「これまでと違う成果」や、少なくとも「うまくいきそうな雰囲気」が出ないと、その後1か月経っても何も変わりません。だからこそ「最初の1週間」に勝負をかける必要があります。

最初の1週間がうまくいくと、1か月後には目に見える成果が創出され、3か月後にはチームが変わる、そういった流れをつくり出すことができます。

【顧客事例】PDCAサイクルを短くし、営業成績が2倍に変わったC社

従来のPDCAサイクルを変えたことによって、売上向上に大きく寄与した企業も少なくありません。当社の顧客で岐阜県にある住宅会社C社では、当初、営業会議を2週間に1回というサイクルで実施していました。

その営業会議には社長と営業社員10名全員が集合

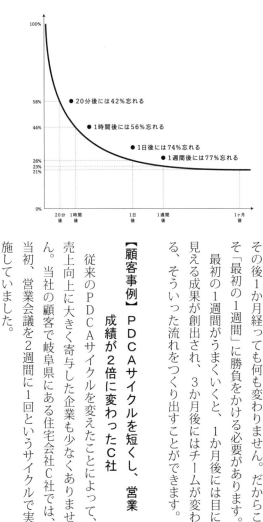

して成績や顧客進捗をチェックしていくのですが、会議で話しているのはほとんど社長と営業部長のみであり、他の営業社員は会議中、ほぼ俯いている状態でした。

その営業会議では社員ごとにアクションプランを作成し、進捗を確認するという内容もありましたが、行動の進捗を発表するとほとんどのアクションプランが「できていません」「やっていません」「時間がなくて」という報告ばかりでした。

また悪いことに、その結果に対しても「あきらめ半分」といった形で、社長や営業部長が「許して」いたのです。たまに怒ったり、特に期待する営業社員に対しては叱咤激励したりするのですが、そういった効果もほとんどないような会議でした。

そこで当社がサポートするにあたり、まずは全営業社員の参加ではなく、営業社員の中から会議参加社員を4名選抜し、社長と営業部長含め6名で毎週火曜日という形で週に1回のサイクルに変更しました。

これまでのVICTORYステップで会議を実施し、週に1回のサイクルで回すことで、営業部としての一体感がみるみる内に生まれるようになり、3か月後には、営業部全体の月間受注棟数を2倍にすることができたのです。

なぜこういった成果が出たのか、C社の営業社員に聞いてみると「今までは2週間という期間で目標と行動を回していたのですが、『2週間あると(まだまだ余裕)と思って行動が後ろ倒しになり、結果的に達成できない』という負の循環があったように思います。１週間サイクルは物凄く早いので、自然と行動も前倒しになり、それが好循環を生んだと思っています」ということでした。

それ以外にも「今まで営業会議は（時間のムダ）としか思っておらず、会議をすることで逆にモチベーションが下がっていました」「現在は、自分自身で１週間という限られた短い時間の中で（何ができるか）を主体的に考え、発表し、行動するようになれたため、その影響が会議に参加していない社員へと波及し、相乗効果を生んでいると思います」という声をいただきました。

人間は予定期間までに余裕があると、行動が後ろ倒しになります。これは特定の人間だけではなく、どのような人にも共通する特性だと思います。ＰＤＣＡサイクルをより短くし、行動循環により影響を与えることで成果を生む構造をつくることができます。

モメンタムとセキュリティー

解決策をアクションプランに落とし込み、そのアクションプランに対してＰＤＣＡを回す際に、当社で大事にしている考えが「モメンタム」と「セキュリティー」です。

モメンタムは「勢い」を、セキュリティーは「リスク管理」を意味します。

まずはモメンタムですが、アクションプランを実行していき、成果が創出されていくと、徐々にマネジメントチームに勢いが出てきます。その勢いに乗り、更に意図的にその勢いを加速させることで、更なる成果を創出していくという好循環をつくっていきます。これこそが「モメンタム」を意味します。

チームとして取り決めたプランに対して「確実に遂行すれば成果が出る」という空気感が出ると、確実にチームには勢いが出てきます。その勢いを逃さず、意図的に乗り、そして加速させることで驚くほど爆発的な効果が出ます。

チームプレイの物事ほど、このモメンタムは重要です。会社もいわばチームプレイの団体であるからこそ、このモメンタムを認識し、大事にすることが重要なのです。勢いによって何かが劇的に変わるという体験は、誰でも一度は肌で感じたことがあるのではないでしょうか。

私自身、このモメンタムは感覚的に重要だと感じていましたが、顧客のマネジメントチームに落とし込む上で表現等に苦労していました。そのようなときに、スポーツ記者であり作家の本城雅人氏の「球界消滅」という小説を拝読した際、感覚的に大事なものが「モメンタム」として表現できることに気づきました。

「球界消滅」の内容を抜粋し、次にご紹介します。

『モメンタムの意味は「ゲームの流れ」とはニュアンスが違う。「流れ」ではなく「勢い」という意味だ。ウォール街の金融マンたちも「株価のモメンタム」といった表現を使う。勢いと流れ――この二つの日本語は全く異なると牛島は思っている。「流れ」は自分たちの意思ではどうしようもできない。運次第であり、できることはせいぜいミスをして相手に流れを渡さないようにすることぐらいだ。

だが「勢い」は違う。

時間軸と目的軸で指標を作り、その指標に沿ってプランを立て、確実に前進していくことで、加速度、つまり勢いは計算される。もちろん途中で予期せぬ出来事に直面することもあるが、実力と正確なプランさえあれば、運などに頼らなくてもゲームは必ず支配できる』

※本城雅人「球界消滅」（文春文庫）より抜粋

記載にもあるように、モメンタムは意図的につくり出すことができ、それによりゲームを支配、会社でいうと成果を上げることができます。一度モメンタムをつくりだし、そのモメンタムをマネジメントチームが手放さないよう、掴み続けることで、成果を上げ続けるチームになることができます。

マネジメントチームとして取り決めた、解決策に対するアクションプランを確実に遂行することで、モメンタムを生み出し、それが更なる大きな成果に繋がる、という好循環を意図的につくり出すことが重要です。

セキュリティー

もう1つの大事な要素がセキュリティーです。モメンタム、つまり勢いに乗り過ぎてつまずかないように、また勢いを保ったまま、更に加速させるためにはセキュリティーにも気を付けなければいけません。

具体的にここでいうセキュリティーにはいくつかの視点があります。例えば「このアクションプランを来週までに完遂する上で、阻害要因になりそうなことは何か?」「現在成功に向けた軌道に乗っているこのプロジェクトの中で、将来的に躓きそうな要因はありそうか?」などの問いです。

まずはアクションプランの「遂行前」の段階で、躓きそうな要因を予め把握、思考、仮説立てることで完遂の可能性を高めていきます。また「遂行中」においても、現在うまくいっているが将来的にハードルになり得そうな要因を抽出しておくことで、リスク管理に繋がり躓く可能性を低減させていきます。

更には、現在進行中でうまくいっている状態のときほど、片方のどこかでうまくいっていない部分や、ひずみがでている部分が生じていることが多いです。このような現象はどなたでも体験したり感じたことがあると思います。

そのような部分にも焦点を当てる、つまりセキュリティーを意識することで、モメンタムのみに気をとられて躓かないようにする考えが重要になります。

ＷＨＹの禁止

ＶＩＣＴＯＲＹステップのすべてのステップにおいて「ＷＨＹ（なぜ）」のコミュニケーションを禁止しています。トヨタが生産ラインに不備が生じた際、その問題の根本的原因を見つけるために「『なぜ？』を５回繰り返す」というのは有名ですが、「原因を見つける」においては有効であっても、コミュニケーション上の「なぜ？」は有効でない場合のほうが多いです。

経験のある方も多いと思いますが、「なぜ？」と上司や同僚から質問されると「心理的圧迫感」を感じます。「なぜ？」は理由を聞いている言葉ではありますが、聞かれた方は「詰められている」印象をもちます。

マネジメントチームでは心理的安全を感じる場である必要があります。「なぜ？」により心理的圧迫感を感じてしまえば、メンバーからは「面と向かって言いにくい問題」はもちろん、「面と向かって言える課題」さえも出なくなってしまい、それは企業成長の機会を失っていることにもなります。

とはいえ、起きた事象に対する背景を確認しておきたいときもあるため、そのような際には「なぜ？」ではなく「どのようなことが原因でそのような状況が起きているんですか？」や「そのように感じた具体的なシーンを教えてください」など、問い詰めにならない確認の仕方に変えるだけで、チームとしてのコミュニケーションが見違えるように変わってきます。貴社でもＷＨＹのコミュニケーションをなくすだけで、社内の雰囲気がガラリと変わるかもしれません。

できなかった理由を話すのではなく、できる方法を話す

ＷＨＹのコミュニケーションを限りなく少なくすることで「できなかった理由を問い詰める」という無駄な時間が大幅に削減されます。それは時間ばかりではなく、チーム全体にかかる「ストレス」を削減することにも繋がります。

なのでマネジメントチームのコミュニケーションは、できなかった理由を話すのではなく、できる方法を中心にしていきます。

できる方法をコミュニケーションするための材料として、できなかった理由や背景を聞く必要がある場合は問い詰めにならない形で実施し、それによりできる方法をセッションしたほうがはるかに効果的なのは言うまでもありません。

「○○ができなかった理由は何か？」について話すよりも、「○○をできるようにするために、必要なこと、すべきことは何か？」について話すことで、チームとしての一体感がまるで違うものになっていきます。

「遮る」の禁止

ワンチーム会社におけるコミュニケーションのあり方について、ＷＨＹの禁止と共に当社が顧客のマネジメントチームに禁止していることが「人の話を遮る」です。

社長はもちろんのこと、マネジメントチームに選抜されるようなメンバーは、特に話し好きであったり、自己主張が強い、頑固、などの特徴が多い傾向にあります。

そのような特徴をもったメンバーが集まって話し合いをすると、十中八九「人の話を遮って話し出す」というコミュニケーションが生まれてしまいます。自身の発言が最後まで言えることなく、遮られることが続くと、潜在的ストレスが溜まり、建設的な議論から遠のいていきます。

逆に、反対意見があろうとも、いったんメンバーそれぞれの主張や意見を最後まで聞き、そこから各個人の主張や意見を伝えるようにしていきます。そのようなコミュニケーションをメンバー全員が意識し行動するだけで、劇的にコミュニケーションの質が変わり、結果的にワンチーム会社としてのスピードも早まります。

当たり前のコミュニケーションのあり方のように思えますが、こういった当たり前ができていない会社は非常に多くあります。そういった中、当たり前のことができることで、これまでとの違いを生み出すことも可能になるのです。

部下に任せる前提の考え方

日本のプロ野球に詳しい人なら当然、詳しくない人でも「落合博満」氏を知っている人は多いと思います。選手として日本で唯一の３度の３冠王、監督としても全く補強をせずに、就任１年目から優勝、通算8年でチームを4度のリーグ優勝に導いた、選手としても監督としても超一流の方です。

そのような「チームづくり」の名人である落合氏のチームづくりの基本的な考えは「部下に任せる」です。具体的には、選手への指示指導のほぼすべてをコーチに一任していたそうです。

特に投手のことに関してはノータッチ。その理由は「俺は投手じゃなかったから、投手の心理など投手のことはわからないから」というものです。それだけではありませんが、結果的にはその方針が投手主体の守るチーム、常勝チームをつくった一因となっているはずです。

ただ、落合氏は単に部下に任せるだけでなく「コーチに野球を教えていた」とも言っています。コーチが選手に対する指示や指導がそもそも間違っていないかはもちろん、特に「コーチによって選手に伝える内容が異なる」ということに気を付けていたようです。

選手からすると「コーチによって指示や考え方が違う」というのは混乱を生じさせ、不安や不信を生み、ストレスになります。そうならないように、コーチ同士での「認識の統一」には余念を欠かさなかったと言います。

これらの考えは企業にも同じことが言えるのではないでしょうか。特に「社長のワンマンチーム会社」から「ワンチーム会社」へ変貌を遂げる過程において、マネジメントチームのメンバーに担当責任者として裁量をもちながらミッションを遂行してもらう「部下任せ」は必要な考え方です（図表25）。

それにより、マネジメントチームのメンバー1人ひとりのレベルアップに繋がると同時に、マネ

【図表25　部下に任せることの効果】

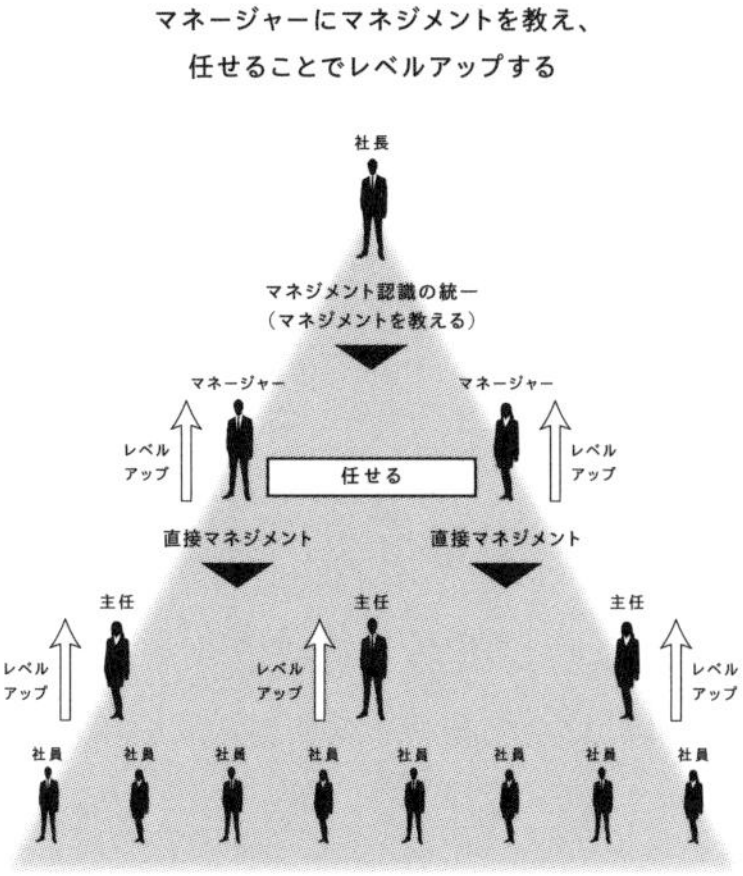

ジメントがレベルアップすれば必然的にボトムの社員もレベルアップしていきます。

そういった流れをつくるために、特に経営者においては「マネジメントメンバーをどのようにサポートし、成功に導けるか」が最重要ミッションであると言えます。

課題遂行と問題解決の積み重ねの結果がワンチーム

ワンチームのシンボルは、何といってもラグビー日本代表チームです。そのラグビー日本代表がなぜワンチームになれたかと言えば、目的・目標達成に向けて、常にハードワークな練習・試合に取り組み、そのような苦楽を共にしたチームメイトとの時間の積み重ねによる信頼構築で、結果的にワンチームになれたのです。

「会社」というチームも同様で、目的や目標の達成に向けて遂行すべき課題、そして解決すべき問題をマネジメントチームが一丸となってクリアしていく積み重ねによって、ワンチーム会社になることができます。一朝一夕でワンチームになれることなどありえません。

課題の遂行や問題を解決する過程において、チーム内で意見の違いや、白熱した議論が巻き起こることもあります。しかし、そういったプロセスがお互いの信頼関係をさらに強固にしていき、ワンチーム会社になる上での揺るぎない「基盤」がつくられていくのです。

VICTORYステップ③OVERCOME TRY まとめ

ビジョンを定め、ビジョン達成のための課題や問題を明確にし、その課題や問題を解決する試みをすることがVICTORYステップ③のOVERCOME TRYです。

このような形で、ビジョン達成へ向けた課題遂行と問題解決の連続により、マネジメントチームがワンチーム化されていきます。企業活動は突き詰めると課題遂行と問題解決の繰り返しであり、それらの量と質が企業成長と比例していきます。

ワンチームは形だけではなく「苦難や命題に対して共に乗り越えてきた」というチーム全員の経験から醸成されていきます。マネジメントチーム全員で乗り越える試みを繰り返し行うこと、その連続によりワンチーム会社になれるのです。

第6章

ワンチーム会社への＋α

1　ワンチーム会社へと加速させるプラスアルファ

ここまでのＶＩＣＴＯＲＹステップをしっかりとした形で踏んでいくこと、またそれを継続していくことで、まずはマネジメントチームが一体となって目的・目標達成に向かって行動するようなワンチーム会社へと近づいてきます。

ここでは更にワンチーム会社へと加速させるプラスアルファについてお伝えしていきます。

何よりも行動することに拍車をかける

ワンチーム会社となるためには、マネジメントチームのメンバーはもちろん、マネジメントチームのミッションを共に遂行する従業員が、ミッションに対して能動的に行動する必要があります。

ＶＩＣＴＯＲＹステップにより「自分自身で決めたミッション」に対しては、上から指示された「与えられたミッション」より当然ながら能動的に行動しますが、そのプロセスを踏んでもミッションを行動に移さない、または行動量や質が低い従業員も中にはいます。

そのような従業員にでも、まず何よりも行動してもらわないと結果が得られないので、行動に拍車をかけるための「仕掛け」が必要な場合もあります。会社として従業員に行動してもらうための考え方や仕掛けをご紹介していきます。

ビジョンリンク

従業員に能動的に行動してもらうための仕掛けの1つとして「ビジョンリンク」という考え方をお伝えしています。

ビジョンリンクとは、「会社のビジョン」と「従業員個人のビジョン」をリンクさせることを言います（図表26）。

会社としてのなりたい姿、ビジョンに対して、従業員個人の「そうなりたい」「達成したい」という思いが強ければ強いほど、ワンチーム会社となり、成果も創出されていきます。

しかし、中には「会社のビジョン達成に向けた行動を、なぜ自分がやるのか」という「動機づけ」が弱い従業員もいます。そういった従業員ほど能動的な行動は見られず、行動の量や質も低い傾向があります。

そのような場合において、「会社のビジョン」と「従業員個人のビジョン」をリンクさせることで「内発的な動機づけ」を行い、能動的行動へと導いていきます。

例えば「世の中にまだないサービスを提供し、顧客を驚きと感動につつむ」のような企業があり、そのような企業の「なりたい姿」に対して、従業員自身も仕事を通して「まだないサービスをつ

【図表 26　会社のビジョンと個人のビジョンをリンクさせる】

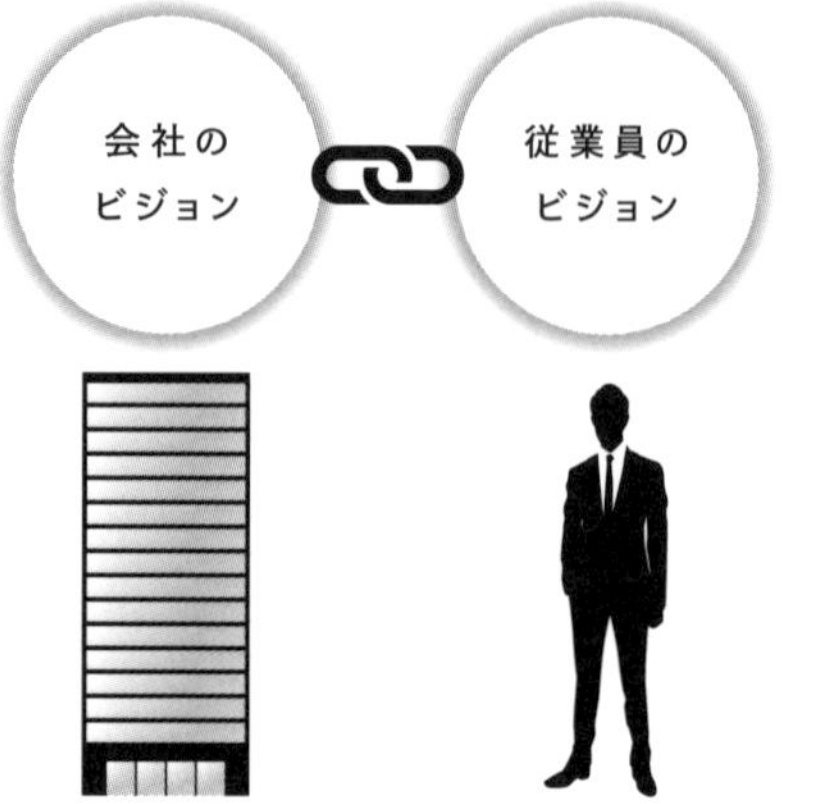

会社のビジョンを達成する事が、
結果として従業員自身のビジョンの達成に繋がる、
という事をイメージような状態をつくる「ビジョンリンク」

くりたい」「世間を驚かせたい」など自分がやりたいことと企業のなりたい姿がイコールであれば、自然と仕事への取組みが能動的になるでしょう。

このように会社と従業員のビジョンをリンクさせることがビジョンリンクです。

また、「ウチの会社は必ず3年後に上場する！」というビジョンに対して、従業員が「自分も上場するまでの過程をこの会社で経験したい」というリンクのあり方もあるでしょう。

リンクさせるにあたって「これが正解」というビジョンは当然ながらありません。大切なのは企業ごとのビジョンを、従業員個人のビジョンとどのようにリンクさせていくかを経営側と従業員側が共にすり合わせ、見つけ、定めていくことです。

内発的動機づけ

内発的動機づけは「それをしたい」と自分の中から湧き出てくる興味や関心などからもたらされる動機づけです。ビジョンリンクの例を見てもわかるように、興味や自己実現など従業員個人の「感覚的」な部分である場合が多いため、内発的動機づけへの導きは一般的に難易度が高いです。

ただ、感覚的であるからこそ一旦ついてしまえば強いです。内発的動機づけは本人が自分自身で決めた目標、行動であるため、モチベーションが維持されやすく、困難な状況や壁にぶつかった際でも何とか乗り越えようとし、成果を出せるようなエンゲージメントの高い人材になります。

ビジョンリンクをすることで内発的動機づけを醸成させていくことは、まさにワンチーム会社になる上でのプラスアルファの仕掛けなのです。

外発的動機づけ

ビジョンリンクを行う中で、リンク部分が見つからずに内発的動機づけがうまく醸成されない従業員や、感覚的なリンク自体が苦手な従業員もいます。

そういった従業員に対しては、感覚的ではなく論理的に動機づけを行っていきます。「興味」「関心」「自己実現」といった自身の中から生まれる感覚的な部分にアプローチするのではなく、「評価」「称賛」「承認」「報酬」「賞罰」など外部からの刺激という論理的な形でアプローチしていきます。これらは「外発的動機づけ」と言います。

シンプルに言えば「それをやったほうが得だ」と思ってもらう仕掛けをつくります。興味や関心は少ないけど「なぜ行動をするのか」の理由が従業員にはできあがるため、短期間で行動変容を起こすことにおいては有効な仕掛けだと言えるでしょう。

ただ、注意点として外発的動機づけのような論理的な目標達成行動に関しては、持続性が低い傾向にあります。そのため長期的な視点で組織構築を考えた場合、「着火剤」の役割として活用することをおすすめしています。

短期的に能動的な行動をしてもらうために外発的動機づけを着火剤として活用し、目標達成の連続により時間をかけながら、徐々にビジョンリンク、内発的動機づけを行っていきエンゲージメントを高めていく流れで進めていきましょう。

この流れを心理学で有名な「マズローの欲求5段階説」と掛け合わせたのが図表27です。内発的動機づけは上位欲求であり、抽象的かつ感覚的なものである場合が多いため、すべての人に備わっているわけではありません。

そのため、まずは下位欲求である論理的で具体的な外発的動機づけで行動変容を行っていき、徐々に内発的動機づけを醸成させていくことでエンゲージメントを高め、会社のビジョンに向かって一丸となって突き進む従業員の集団「ワンチーム会社」を目指していきます。

着火剤としての人事評価制度

外発的動機づけ、つまり従業員の行動を変えるための着火剤としての役割を果たすツールとして有効活用すべきものは人事評価制度です。

自分自身の行動と成果の評価によって、よい意味でも悪い意味でも月給や賞与に影響を及ぼすというルールがあることで、「それをやったほうが得だ」「それをやらなければいけない」と論理的に考えるため、短期間で従業員の行動に影響を与えることができます。

【図表 27　マズローの欲求五段階説と従業員エンゲージメント】

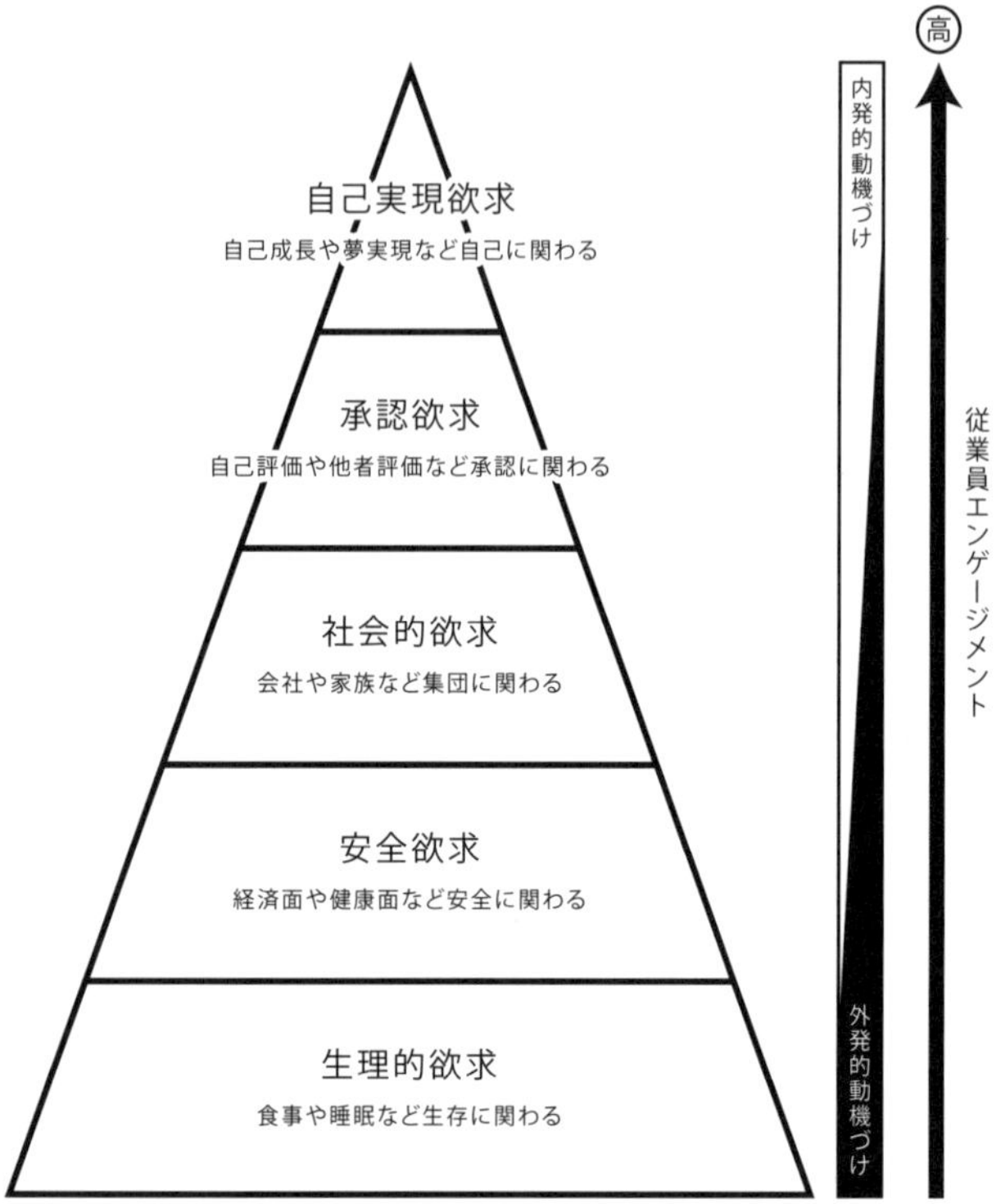

評価項目は売上や利益など実質的なものだけではありません。特にマネジメントチームのメンバーにおいては、自身の部下にも協力してもらいながらミッションを遂行する必要があるため、マネージャーとして部下と建設的な対話ができているか、強力なチームをつくれているか、部門を超えて協力できているか、対立やトラブルが起こった際に適切に解決できているか、なども取り入れると効果的です。

その他にも、従業員に対しては自社の理念やビジョンといった価値観・方向性に沿った行動をしなければ評価しない、という評価接続のあり方も機能します。

また、人事評価制度を有効活用することは、すでにビジョンリンク、内発的動機づけがなされている従業員に対しても効果的です。いくら自身と会社のビジョンがリンクされ、やりがいや金銭面以外での目的で仕事に従事していたとしても、評価が変わらなければ、またできている従業員とできていない従業員で評価の差がなければ、徐々に自社に対するエンゲージメントは落ちていきます。

それは結果的に行動に対する量や質が落ちたり、最悪の場合は退職リスクを招いてしまったりする可能性もあります。

つまり、人事評価制度は従業員に対する「外発的動機づけとしての効果的なツール」という位置づけではありますが、そもそも企業体として、また組織としてワンチームになる上では欠かせない土台であると言えます。

なお、組織としてのマネジメント力を強化する人事評価制度の構築と運用に関しては、私の拙著、前作の「年商30億円の限界突破」をご参考いただければと思います。

称賛し合う仕組み

日常的に社内にネガティブな言葉が飛び交っている企業が売上を伸ばしていそうでしょうか？人間のモチベーションや行動は周囲の環境に左右されるものです。当然ながらネガティブな環境に身を置いている従業員は、ネガティブに引きずられ、本来のパフォーマンスを発揮することは難しいです。

ワンチーム会社として企業成長し続ける会社は、日常的にポジティブな言葉が社内に飛び交っています。ポジティブな雰囲気をつくり出すことにおいては、社内を「称賛文化」にしていくことが求められます。

世界最高峰の企業で、最高のチームづくりを目指しているグーグルは、この称賛文化を醸成させる1つの施策として「ピアボーナス」という仕組みを導入しています。

ピアボーナスとは、仲間や同僚を表す「peer」と報酬を表す「bonus」を組み合わせた言葉です。従業員同士が互いに報酬を贈り合うことができる仕組みで、日本国内においても導入企業が増え続けています。

具体的には業務の成果や貢献に対して、従業員同士がお互いに評価して、少額のインセンティブを贈り合うというものです。ほとんどの企業で実施しているような「上司が部下を評価する」とは違った形で、従業員同士が称賛し合い、そしてその称賛がインセンティブという形あるもので現れることにより称賛文化が醸成されます。結果的にポジティブな言葉が飛び交うような「よいチーム」になる流れをつくることができます。

このような称賛し合う仕組みをつくることが、ワンチーム会社になれるプラスアルファとして重要な施策となります。

人材採用のあり方

企業成長に伴い組織を拡大させていくにあたって、人材採用は欠かせません。一般的に企業規模として年商10億円までの過程では、人材採用の採用基準は「能力優先」「即戦力採用」である場合が多いです。

第1章でも触れたように、創業から年商1億円、3億円と順調に売上を上げ続けるためには、当然ながらそのような採用基準になるでしょう。

しかし、年商10億円を超えてから年商30億円を目指す、または社長のワンマンチーム会社からワンチーム会社へと変わっていくためには、これまでの能力や実力優先の人材採用のあり方から「理念・ビジョン共感採用」へと切り替わる必要があります。

能力の高い人材や実力のある人材を中心に採用し続けると、徐々に各プレイヤーの個人プレイが目立ち始め、それが風土になっていくことで経営者のビジョンとは違った方向を向いている従業員の集団になってしまう会社をよく見かけます。

そうではなく、従業員が入社する際に「この会社の理念に共感している」や「この会社の○○というビジョンを一緒に達成したい」と思ってくれるような、理念・ビジョンに共感した人材採用へ切り替えを図っていくことで、社長や従業員自身の自己利益が引っ張る組織ではなく「ビジョンが組織を引っ張る」というワンチーム会社になれることができます。

人材育成のあり方

理念やビジョンに共感した人材を採用した上で整備していきたいのが「人材育成の仕組み」です。自社の理念やビジョンに共感した人材は、基本的には能動的に行動してくれますが、そこにスキルや能力が伴わず成果が出ない状態が続いてしまうと、徐々にモチベーションやエンゲージメントが下がっていきます。

そのような状態に陥らないためにも、理念やビジョンに共感して入社した人材に対して、能力やスキルを伸ばすための育成の仕組みを構築する必要があります。

育成はＯＦＦＪＴによる座学等の体制はもちろん、ＯＪＴに関しても、ただ同行や付き添い指示をするだけでなく、業務を細分化した上で「現在行っている、教えている業務はこの位置づけに当たる」ということを明確にしたＯＪＴをすることで、育成の効果が全く違うものになります。

また、育成計画を作成し、その計画を新規入社した従業員に予め共有しておくことも効果的です。入社してから1週間、1か月、３か月という月日の中で、どの月までに会社として何を教えることで、その月までにこのようなスキルや能力を保有する人材になってほしいイメージを見せていきます。

そういった計画を予め共有することで、新規入社した人材は安心感をもち「この会社はやはりしっかりとした会社なんだ」と思ってもらえ、更なるエンゲージメントの向上に繋がります。また、このような育成計画は採用の段階で応募者に見せるのも効果的です。やはり応募者としては教育の体制がしっかりと整っている会社は安心であり、入社する決め手の1つの材料になります。

ちなみにこの育成計画は理念やビジョンと連動した育成計画であることも重要です。具体的には、自社の理念に沿った「して欲しい行動」を定め、その行動の精度を上げるための育成内容になっていることです。

また、自社のビジョン達成のために「求められる役割・能力」を定め、それを伸ばすための育成内容、といった形で、理念・ビジョンと一気通貫した「矛盾していない」育成計画である必要があります。

適切な配置はなされているか

企業において組織をなす人的管理、ＨＲＭ（Human Resource Management）の領域の中で、これまでのプラスアルファでお伝えした「採用」「教育」「評価」を土台として整える必要があります。その上で適切な人材の「配置」がなされていることも重要です。

配置はわかりやすく言えば、「どの事業部（または部署）に」「どの役職で」従業員を割り当てていくか、「配属」をイメージしてもいいかもしれません。

特にこの配置によって効果が高まりやすいのは「店舗出店型」のビジネスモデルの会社です。店舗出店型のビジネスモデルの会社を営んでいる経営者であれば、一度は体感したことがあると思いますが、どの店舗に誰を配置するかで店舗の業績が違ってくるということはよくあることです。

ただ、この適切な配置というのは「できる人材を店舗責任者に据えれば、その店舗の業績は上がる」というシンプルな考え方だけではありません。

店舗という形態は「隔絶された1つの組織」であるため、「人と人との化学反応」が濃く、そしてスピード早く起きていきます。そういった特殊な組織形態であることから「できる人材」が店舗責任者になったとしても、必ず業績がよくなるわけでもないのです。これも店舗出店型のビジネスモデルの会社を営んでいる経営者であれば一度は体感したことがあるのではないでしょうか。

配置するにあたって、できる人材であることはもちろん大切ではありますが、現状の「店舗にいる従業員」や「店舗風土」に合わせた形で適切な人材を配置することも重要です。

「ワンチーム店舗」になる配置

当社の顧客において、東海エリアに20店舗を展開している飲食チェーン企業があります。業績の悪いA店とB店の店長を入れ替えて配置した結果、双方の店舗共に業績が上がる現象がありました。

これは単に業績の悪い店舗同士の店長を交換したわけではなく、双方の店舗にいる従業員や風土を調査した結果より配置替えしたのです。微細はありますが、わかりやすく言えばA店はベテランスタッフが多く、それぞれが能力や高くこだわりをもって仕事をしている店舗、B店は逆に経験の浅いスタッフが多く、お互いが助け合いながら運営している店舗でした。

当時、A店の店長は調整型で人間関係の機微を見ながら店舗運営する方でした。ベテランが多いため、うまく調整してまとめてくれるだろうと思っての配置です。B店の店長はリーダーシップ型で1人ひとりの成長を期待しながら突き進むタイプの方でした。逆に経験の浅いスタッフが多いため、リーダーシップ型の店長に引っ張ってもらって成長してもらおう、との判断での配置でした。

結論はどちらの店舗も機能せず、業績が悪化しました。それぞれの店のスタッフが店長に求めていた運営が真逆だったのです。このような考え方の配置替えがどのような企業にも効果的かというと、必ずそうとは言えませんが、配置によって業績に与える効果は高いものがあると言えるでしょう。

会社として組織にサポートできることを考える

会社は従業員の1人ひとりが最高のパフォーマンスを発揮することで、成果が最大化され企業成長していきます。つまり会社として従業員が最高のパフォーマンスを発揮できるようなサポートをすることが必要です。

さきほどの人材採用も会社としてサポートできる1つの施策でしょう。従業員1人ひとりには得意不得意があり、得意な領域や長所を伸ばせる分野の業務に集中することでパフォーマンスが発揮されます。従業員の不得意、もっというと「その人がやらなくてもいい仕事」を排除することが、会社ができるサポートの1つかもしれません。もちろんこれは人材採用に限らずアウトソーシング等のサービスでも可能です。

また、人材育成も然りです。新規入社の人材に対しての育成のあり方についてはお伝えしましたが、現有従業員に対しての育成も会社ができるサポートとして大きな効果を与えます。

当社がよくご提案、実施するものとしては「等級別研修」です。人事評価制度にも絡みますが、組織としての序列を6階層、7階層と「等級」によって格付けしていき、その各等級に対して期待する役割を設定していきます。もちろん各等級に対して会社が求める能力や成果は異なりますので、それをサポートするのであれば異なることを求める等級別に研修を実施することが必要になります。

具体的には、７等級を部長クラスとするのであれば、求める能力は「マネジメント」や「戦略立案」等の知識であり、さらにそれらが評価されるため、マネジメントや戦略立案に対する研修を実施し、能力向上とそれに伴う評価向上に対してサポートするイメージです。

これが４等級の主任あたりの位置づけになると、求める能力が「後輩へのコーチング」や「新規案件の開拓」のようなレベル感になることが多いため、コーチングや営業スキル等の研修を実施し、会社としてサポートしていく形です。

このような形で「理念・ビジョン」「ビジョン達成のために求めるもの」「達成した際の評価」「達成のためのサポート」が矛盾なく整っていることで、企業成長と従業員の高パフォーマンスの好循環を生み出すことができます（図表28）。

会社ができるサポートとしては、その他にも、オフィス環境やＯＡ設備、システム整備など従業員が働きやすい環境を会社が整えることなども、わかりやすく従業員エンゲージメントに繋がります。

これらのサポートはなにも金銭的な投資が必要なものだけではありません。例えば部下に対しての１ｏｎ１ミーティングをこまめに実施したり、客先への同行などで業務フォローするなど「従業員のパフォーマンスを最大化させるために必要なことは？」という発想から様々なサポートが考えられるはずです。

【図表28　企業成長と従業員の高パフォーマンスを生む好循環モデル】

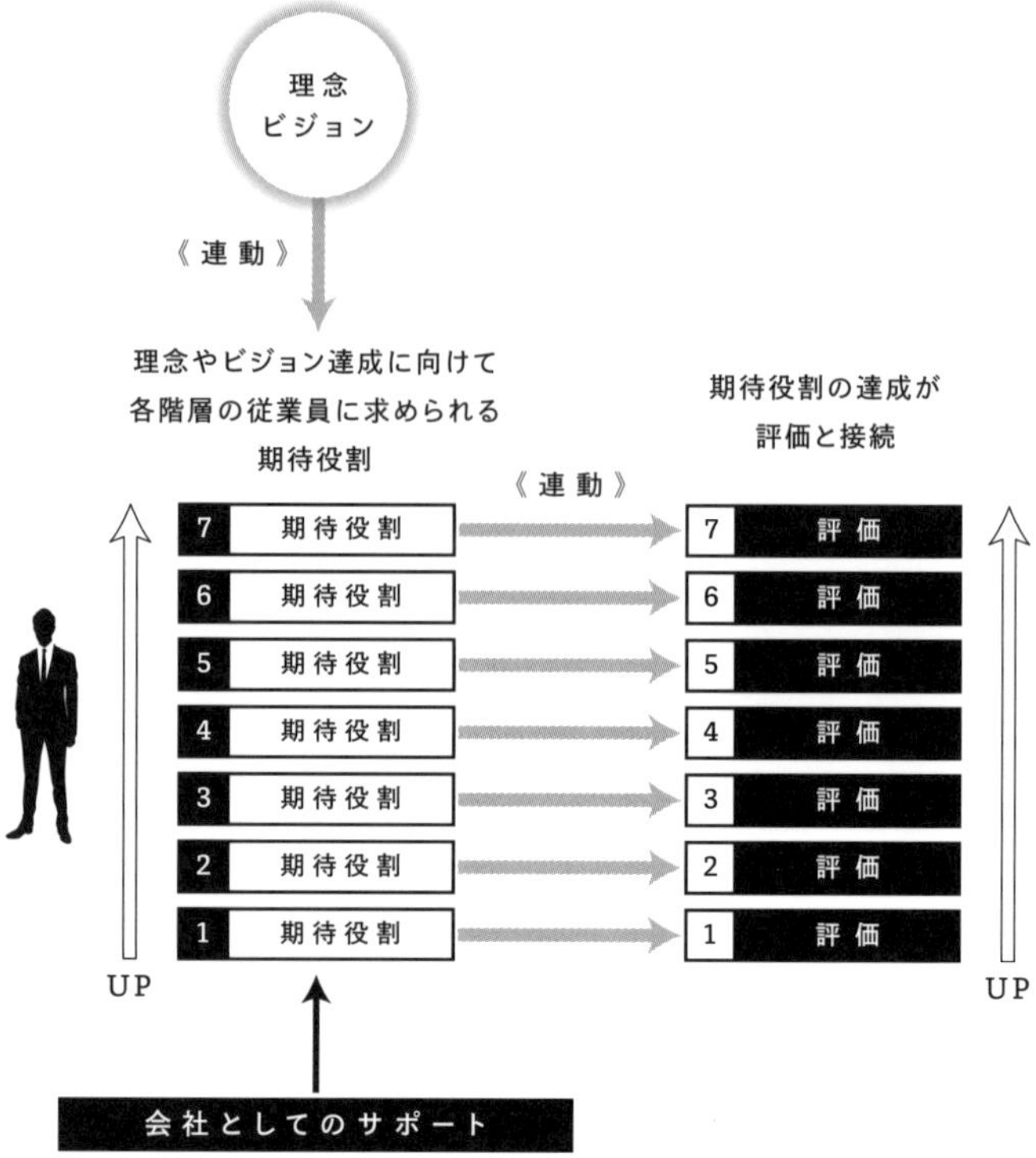

会社として、従業員に求める能力やスキルを向上させ、
評価アップに繋がるサポートをしている、
という構造が好循環を生み出す

ワンチーム会社への＋α　まとめ

会社、組織、そして人は生き物なので、本書でご紹介しているようなVICTORYステップのみでは「ワンチーム会社」になるまでのスピードが遅い場合もあります。そのような際に、こういったプラスアルファの仕掛けをすることで、スピードを早めるといった効果を生み出していきます。

また、ここでご紹介したプラスアルファのいくつかの考え方や施策に関しては、VICTORYステップによってワンチーム会社へ向かって順調に進んでいる会社が取り組んでもよいでしょう。

いずれもが更なるチーム強化へと導く施策であるため、必要なタイミングに応じて取り入れる事を推奨しています。

2　【顧客事例】三和ロボティクス株式会社　代表取締役　沢　宏宣
「マネジメントチームがワンチームに」

直近3年間、年商10億円で足踏み

当社は1964年の創業で、大手メーカーや企業のサプライヤーとして、基幹となる精密加工部品の受託加工に取り組み、これまで安定した成長を続けてきました。また、近年では自社ブランドによる「産業用ロボット」の開発、製造、販売事業に力を注いでいます。

そのような当社は、2013年に長野県の飯田市川路へ新工場本社を建設し、移転したのを機に、そこから4年で売上と従業員数が2倍となり、年商10億円を超えることができたため、「このまま順調に企業成長できるかも」と思っていましたが、その後の直近3年はこれまで順調だった成長から一転、年商10億円前後で「ピタッ」と足踏みしていました。

トップダウン型の経営手法に限界

そのようなタイミングの時に佐々木さんの著書を購入しました。当時、自分自身でも感じていた課題である「方針が社員に浸透していない」「規模は大きくなったが、人材育成ができていない」「組織マネジメント力が弱い」など多くの内容が当社と共通しており、心に刺さったのを覚えています。当社は製造業なので「物」の管理には目が向いていましたが、「人」を管理する仕掛けや仕組みは脆弱だったと思います。

年商10億円までは社長のワンマン経営のままでクリアできても、やはりそのあり方に限界がありました。「社長が頑張らなくとも、組織がひとりでに動く会社」、「ミドルマネジメントが機能している会社」に変わらなければいけない、ということを痛切に感じました。

今思うと、もう少し規模が小さいとき、早め早めにこのような組織づくりの取組みができればよかったのですが、従来のスタイルのまま順調に企業成長できていたため、そのときは着手できませんでした。

大手企業出身のコンサルタントに支援いただくも

佐々木さんにサポートいただく前までは、何人かの大手製造業出身のコンサルタントの方に支援いただいていましたが、ずっと「身の丈」に合っていないことを少なからず感じていました。

もちろんコンサルタントの方々のこれまでのご経験やノウハウ、理論や考え方は素晴らしいのですが、そういったものが当社にも当てはまるかと言うと、なかなか難しい部分はあったように思います。

大手企業の理論や考え方を当社の現場に直接コンサルテーションしたり、研修等を受けても、従業員に何となく「受け身」や「やらされ感」があったり、結局翌日には何も変わっていなかったりと「ズレ」を感じていました。

マネジメントチームが、社内が変わる感覚

それまでも会社を「ワンチーム」にする、という重要性はわかっていたものの、具体的にどのようなプロセスでどのようにすればよいかわかっていませんでした。社内でマネジメントチームで集まってみても、いつも会議は「声の大きい人」が終始話していることが多く、チームのあり方は変

えることができませんでした。

そのような中で佐々木さんの著書を読み、実際に会って話してみて、やはり「ウチに合っていそう」と思い、サポートしてもらう形になりました。

実際に、佐々木さんにワークセッションやミーティングでファシリテーションしてもらうに連れて、マネジメントチームの「発言のバランス」がとれ、「言いやすい雰囲気」が醸成されていき、「みんなで一緒にやっている」という場がつくられました。

これまでの「社長が考えたことをマネジメントチームに落とし込む」というスタイルから、「全員で考える」というプロセスを踏んで進めているため、メンバーの中でも前向きな発言も多く、良い雰囲気ができあがっています。

マネジメントチームの場だけでは終わらず、佐々木さんが帰った翌日でも社内では変化が見られ、マネジメントチームと従業員間でのコミュニケーションにおいて四角いものが取れ、丸くなり、如実に距離感が縮まっていて、ワンチーム会社への変化が見えています。

こういったことは自分達だけではうまくいかなかったと思っています。

人々が大切にしたい会社をつくる

今後もワンチーム会社へと変わっていくことで、まずは直近のビジョンである「年商30億円」を超え、また、当社の経営理念である「人々が大切にしたい会社をつくろう（三方よし）」の実現に向けて、邁進していきたいと思っています。

三和ロボティクス株式会社
代表取締役　沢　宏宣

おわりに

本書の内容を通して、自社が「社長のワンマンチーム会社」から「ワンチーム会社」になれるイメージをもつことができたでしょうか?

本書は、多くの中小企業の組織構造である「社長のワンマンチーム会社」を「ワンチーム会社」に変えるための「考え方」「具体的手法」「顧客事例」の3つの構成のもと、よりリアルで実践向きの内容にいたしました。

決して「社長のワンマンチーム会社」の状態が悪いということではありません。本書でも触れているように、社長のワンマンチーム会社は社長自身が会社の土台であるため、揺るぎなく安定した経営が可能になるからです。

しかし、企業経営者、特に中小企業の経営者ほど、歳月が経てば経つほど「自分がいなくなったら、この会社はどうなるんだ」という不安が大きくなっていきます。大企業や有名企業であれば、将来の経営者候補とされる優秀な人材を毎年のように採用できたり、外部からプロ経営者を招聘することでそのような問題はクリアできたりしますが、中小企業の場合、なかなかそうはいきません。

だからこそ、社長が表舞台に立たなくとも会社が存続、繁栄していけるような「チーム」を組織につくっていく必要があります。その1つの考え方として、本書では「ワンチーム会社」と称しました。

私自身、会社＝「人」だと強く思っています。人が変われば会社が変わる。そしてその人をよい方向へ変えるためには、根本的に「組織のあり方」や「チームのつくり方」が重要であると信じています。

その信念とノウハウの詰まった本書が、貴社のワンチーム会社化、ひいては年商30億円超え組織づくりの一助になれば幸いです。

２０２１年４月

ＷＩＴＨ株式会社　代表取締役　佐々木　啓治

著者略歴

佐々木　啓治（ささき　けいじ）

ＷＩＴＨ株式会社　代表取締役。
1984 年生まれ　山形県出身。企業の年商 30 億円超えを専門にサポートする日本で唯一のコンサルタント。大学卒業後、人事コンサルティングファームに入社。３年で 50 社のコンサルティングに携わり、2010 年に独立。
企業の「年商 30 億円の壁超え」に特化した独自ノウハウで、これまでサポートに携わった 83％の顧客を年商 30 億円の壁超えに導く。顧客から「ここ数年、売上が 15 億円で停滞していたが、年商 30 億円を超えることができた」「社長である自分が現場から卒業しても、売上を上げ続けられる会社になることができた」など、高い評価を得る。現在も「すべての顧客に成果を出す」をミッションに日々奮闘中。

社長のワンマンチーム会社からワンチーム会社へ
年商30 億円超え組織をつくる　One Team Meeting

2021年５月19日 初版発行　2021年６月21日 第２版発行

著　者　佐々木　啓治 ©Keiji　Sasaki
発行人　森　　忠順
発行所　株式会社 セルバ出版
〒 113-0034
東京都文京区湯島１丁目 12 番６号 高関ビル５Ｂ
☎ 03（5812）1178　FAX 03（5812）1188
http://www.seluba.co.jp/
発　売　株式会社 三省堂書店／創英社
〒 101-0051
東京都千代田区神田神保町１丁目１番地
☎ 03（3291）2295　FAX 03（3292）7687

印刷・製本　株式会社丸井工文社

Printed in JAPAN
ISBN978-4-86367-659-6